MANTENIMIENTO DE *Milagros*

Joan HUNTER

WHITAKER HOUSE

A menos que se indique lo contrario, todas las citas bíblicas son tomadas de la versión *Santa Biblia, Reina-Valera 1960* (RVR), © 1960 Sociedades Bíblicas en América Latina; © renovado 1988 Sociedades Bíblicas Unidas. Usadas con permiso. Las citas bíblicas marcadas (NVI) son tomadas de la *Santa Biblia, Nueva Versión Internacional®*, NVI®, © 1999 por la Sociedad Bíblica Internacional. Usadas con permiso. Todos los derechos reservados. Las citas bíblicas marcadas (NTV) son tomadas de la *Santa Biblia, Nueva Traducción Viviente,* © 2008, 2009 Tyndale House Foundation. Usadas con permiso de Tyndale House Publishers, Inc., Wheaton, Illinois 60189. Todos los derechos reservados. Las citas bíblicas marcadas (LBLA) son tomadas de *La Biblia de las Américas®*, © 1986, 1995, 1997 por The Lockman Foundation. Usadas con permiso. Derechos reservados. (www.LBLA.org). La citas bíblicas marcadas (TLA) son tomadas de la *Traducción en Lenguaje Actual,* TLA, © Sociedades Bíblicas Unidas, 2000. Usadas con permiso.

Nota: El texto en negrita en las citas bíblicas significa el énfasis del autor.

Traducción al español realizada por:
Belmonte Traductores
Manuel de Falla, 2
28300 Aranjuez
Madrid, ESPAÑA
www.belmontetraductores.com

MANTENIMIENTO DE MILAGROS:
Cómo recibir y mantener las bendiciones de Dios

Publicado originalmente en inglés bajo el título:
Miracle Maintenance: How to Receive and Keep God's Blessings

ISBN: 978-1-62911-023-3
eBook ISBN: 978-1-62911-048-6
Impreso en los Estados Unidos de América

Whitaker House
1030 Hunt Valley Circle
New Kensington, PA 15068
www.whitakerhouse.com

Por favor, envíe sugerencias sobre este libro a: comentarios@whitakerhouse.com.

1 2 3 4 5 6 7 8 9 10 11 21 20 19 18 17 16 15 14

DEDICATORIA

Este libro está dedicado a los que han sido sanados y serán sanados leyendo este libro. También está dedicado a los que han perdido su sanidad por alguna razón y que, al leer este libro, la reclamarán y caminarán en su sanidad completa.

RECONOCIMIENTOS

Me gustaría reconocer a Naida Johnson Trott, RN, CNS, FCCWS, por todo su duro trabajo ayudándome a compilar toda la información de este libro, y por sus años de dedicación a mí y a mis padres, Charles y Frances Hunter.

Un agradecimiento especial a mi esposo, Kelley M. Murrell, por ayudar a editar y actualizar partes de este libro que fueron adaptadas del libro de mis padres *How to Receive and Maintain a Healing* [Cómo recibir y mantener una sanidad]. Gracias por toda tu ayuda al revisar el manuscrito y volverlo a revisar para que fuera bíblicamente sólido.

CONTENIDO

INTRODUCCIÓN:

RECIBIR Y MANTENER SU MILAGRO

Imagínese una pareja joven haciendo los preparativos para el nacimiento de su primer bebé: un regalo precioso de Dios. Ropa, mantas, una cuna, comida y un lugar especial han sido meticulosamente preparados para el gran acontecimiento. Se ha encontrado a un doctor especial, y se han seguido todos los consejos médicos. Cuando llega el bebé, no se le deja solo para que se las arregle como pueda; no, los padres nutren esa vida con alimentos, amor, calor y guía. Ellos alaban a Dios por el milagro de su recién nacido, y mantienen ese milagro manteniendo al bebé alimentado, vestido y protegido; manteniéndolo inmunizado contra varias enfermedades; poniendo atención al crecimiento espiritual del bebé; y todo lo demás que sea necesario para cuidar de ese niño durante los años futuros.

Su milagro no es diferente. ¿Qué ha recibido? ¿Sanidad de su cuerpo? ¿Milagrosa provisión económica? ¿Restauración de sus relaciones? Sea lo que sea, usted tiene la responsabilidad de aferrarse a ello y cuidar de ello adecuadamente. Si lo da por sentado, olvidándose de lo que Dios ha hecho, probablemente abandonará ese milagro.

Repito: con todo lo que "recibe" está la responsabilidad de "mantenerlo", o perderá la bendición de ese don. Se convertirá en una carga cuando vea que su tiempo, dinero y energías se gastan, hasta que se pregunte si lo que recibió fue una bendición o una maldición.

En muchos casos, un milagro de Dios no es solo para la persona que lo recibe, sino que ha de ser también una poderosa herramienta de evangelismo para aquellos que son testigos del milagro.

Por ejemplo, aceptar ser el propietario de una casa implica su compromiso a mantenerla: cortar el césped y mantener el jardín; mantenerla bien pintada; atender a las reparaciones; limpiarla (o contratar un servicio de limpieza); pagar las facturas de los servicios públicos; realizar sus pagos mensuales de la hipoteca; y ocuparse de cualquier otro asunto que pueda surgir. ¿Sabe cómo hacer todo eso y dispone de los fondos para ser propietario de una casa?

Debe aprender las claves no solo para mantener su milagro, sino también cómo compartirlo con otros. En muchos casos, un milagro de Dios no es solo para la persona que lo recibe, sino que ha de ser también una poderosa herramienta de evangelismo para aquellos que son testigos del milagro. ¿Cómo va a usar esas herramientas para el reino? Es importante que se haga estas preguntas en su intento de ser un buen administrador de los dones que Dios le da.

Hace muchos años, mis padres Charles y Frances Hunter, evangelistas de sanidad, escribieron un libro titulado *How to Receive and Maintain a Healing* [Cómo recibir y mantener una sanidad]. Muchos de los principios y las revelaciones que compartieron están incluidos en este libro; sin embargo, hay mucho más que el cuerpo de Cristo debe saber en las áreas de recibir y mantener. Hablaremos de la sanidad del cuerpo, pero cuando llegue a la última página, espero sinceramente que entenderá que los milagros que usted recibe van mucho más allá de su cuerpo físico, hasta áreas como sus emociones, su economía, sus relaciones, su carrera y muchas otras.

Al llegar a la última página de este libro, habrá aprendido a gatear, ponerse de pie, caminar e incluso volar en la vida que Dios ha planeado para usted, su hijo. Tiene la opción de entrar en todo lo que Dios tiene para usted.

> *Porque yo sé muy bien los planes que tengo para ustedes —afirma el Señor—, planes de bienestar y no de calamidad, a fin de darles un futuro y una esperanza.* (Jeremías 29:11, NVI)

¿Le estoy enseñando algo totalmente nuevo? Claro que no. Todo lo que enseño es directamente de la Palabra de Dios. Creo que Dios preparó su corazón antes de que escogiera este libro. Él ha provocado en usted un interés por aprender más acerca de su provisión y su amor. Él ha hecho nacer un profundo anhelo en su interior, y este libro comenzará a responder a ese deseo de conocimiento y verdad acerca de su Padre.

Mantenimiento de Milagros cambiará su vida tal y como es ahora. ¿Está preparado?

PARTE I:

PREPÁRESE PARA RECIBIR

1

LAS REGLAS DEL INTERCAMBIO

"Dad, y se os dará...".
—Lucas 6:38

Desde situaciones sociales hasta transacciones empresariales, el intercambio de bienes, servicios, información y otras cosas es la base de la interacción humana. Hay pautas generales que gobiernan la mayoría de los intercambios. El concepto de aprender a recibir puede parecer innecesario; sin embargo, es un principio bíblico muy importante. La vida nos enseña a "dar y tomar". Dios nos enseña a "regalar y recibir". *¿Acaso no es lo mismo?*, preguntará usted. Los términos a menudo se usan de manera intercambiable, pero hay una diferencia. Consultemos las definiciones que nos da el diccionario de estos términos.

- ***Dar:*** "presentar voluntariamente y sin esperar compensación alguna; entregar algo a alguien; dejar al cuidado de alguien; conceder (permiso, oportunidad, etc.) a alguien; impartir o comunicar; mostrar; regalar; ofrecer; pagar o transferir una posesión a otro a cambio de algo; suministrar, proveer u ofrecer; ...emitir; producir, ceder o darse el lujo; crear, hacer o desempeñar; renunciar o sacrificar; expresar o trasmitir; asignar o adjudicar; otorgar...; galardonar; ...para infligir; prometer...o ejecutar y entregar;...conceder o admitir".[1]
- ***Tomar:*** "apropiarse de algo o hacer suyo mediante una acción voluntaria; tener, agarrar o sujetar; tener en las manos, poseer, controlar, etc., mediante la fuerza o el artificio; sitiar o capturar; atrapar o conseguir".[2] Para mí, *tomar* implica una función negativa. No es robar, pero su principio está muy cerca de ello.
- ***Regalar:*** "algo que se entrega voluntariamente sin recibir pago alguno, para mostrar favor hacia alguien, honrar una ocasión o hacer un gesto de ayuda; regalo; el acto de entregar; algo conferido o adquirido sin esfuerzo alguno de parte del receptor o sin que haya sido ganado; una habilidad especial o capacidad; concesión natural; talento".[3]
- ***Recibir:*** "tomar o adquirir (algo dado, ofrecido o transmitido); conseguir; oír o ver; adquirir (un título, por ejemplo) conferido

---

1. dar. Dictionary.com. *Dictionary.com Unabridged*. Random House, Inc. http://dictionary.reference.com/browse/give (accesado 4 de junio, 2013).
2. tomar. Ibid. http://dictionary.reference.com/browse/take (accesado 4 de junio, 2013).
3. regalar. Ibid. http://dictionary.reference.com/browse/gift (accesado 4 de junio, 2013).

sobre uno mismo; reunirse con, experimentar; infligirse o imponerse; soportar el peso o fuerza de; sostener; ...adentrar, contener; admitir; dar la bienvenida; percibir o adquirir mentalmente; mirar con aprobación o descrédito; escuchar a y reconocer formalmente y con autoridad".[4]

¿Qué tiene todo esto que ver con mantener sus milagros? Hay innumerables regalos para que usted reciba. Aunque piense en un "regalo" como un paquete muy bien envuelto y con un lazo, los regalos no siempre son tangibles. Cosas como respeto, honor, favor y oportunidades también son regalos. La compasión, el amor, el perdón, el reconocimiento, la información, la instrucción y los talentos también son regalos para dar o recibir. Un regalo puede ser algo tan sencillo como una sonrisa. Independientemente de su envoltura, los regalos le llegan cada día. ¿Cómo los "abre" o recibe? ¿Y cuál es su responsabilidad una vez que los ha recibido? ¿Los da por hechos? ¿Los coloca en una estantería para contemplarlos, y se olvida después de ellos? ¿Les da un mantenimiento? ¿Le añaden o le roban a su calidad de vida?

Las reglas de recibir

En la mayoría de los casos, todo lo que usted recibe viene con condiciones añadidas. ¿Qué quiero decir? Bueno, imagínese que gana un automóvil. Suena bien, ¿no? Sin embargo, para recibir ese regalo hay algunas condiciones que debe aceptar. Debe: (1) tener una licencia de conducción válida, (2) estar sano tanto física como mentalmente, para poder conducir el automóvil, (3) tener un garaje u otro sitio seguro donde guardar el automóvil, (4) poder pagar el seguro del automóvil, (5) poder pagar los impuestos, (6) poder pagar el mantenimiento regular necesario para validar la garantía, y (7) poder pagar la gasolina para que funcione el automóvil. (Ore para que no consuma mucho).

4. *The American Heritage® Dictionary of the English Language*, cuarta edición, © 2000 por Houghton Mifflin Company. Actualizado en 2009. Publicado por Houghton Mifflin Company. Todos los derechos reservados.

Aunque no esté "recibiendo" sino "ganando" o "comprando" algo, tiene que seguir las reglas.

Recientemente, una joven pareja "ganó" un fabuloso apartamento en un lugar popular de vacaciones. Es gratis; el "único" coste para ellos será: (1) seguro, (2) tasas mensuales del apartamento, (3) transporte ida y vuelta desde su casa (2.000 kilómetros), y (4) impuestos de propiedad y de renta. Es probable que tengan que vender el apartamento por los costos que acompañan a este regalo "gratuito".

Aunque no esté "recibiendo" sino "ganando" o "comprando" algo, tiene que seguir las reglas. Si se encuentra con necesidad de comida, usted va al supermercado, elije lo que quiere, paga su compra, la pone en las bolsas/cajas, las lleva a su automóvil, conduce de regreso a casa, descarga la compra, elije lo que necesita para su comida, lo prepara y finalmente se lo come.

Si no quiere preparar la cena en casa, quizá elija salir a comer a un restaurante con su propio conjunto de reglas. Debe llevar una ropa adecuada, sentarse en la mesa que le indique el encargado, pedirle al camarero lo que desea y esperar a que le sirvan la comida. Una vez que se lo haya comido, paga la comida, incluyendo la propina para el camarero, si es oportuno, antes de volver a irse a casa.

Toda su vida en verdad depende de otros. Si quiere algo, debe pagar el precio en el lugar y el momento oportunos. Un traspié en el camino entre el creador y el consumidor significa que no conseguirá su deseo.

Sin embargo, muchas personas parecen creer que pueden hacerlo por sí solos, sin ayuda de nadie más. Están decididos a encontrar las respuestas a sus problemas por sí mismos. Buscan en la enciclopedia la información y asisten a otro seminario de autoayuda. No admitirán su dependencia de nadie; trabajan largas horas para ganarse cualquier cosa que necesiten. Olvidan que incluso en un vacío, incluso aunque fueran la única persona en el planeta, seguirá habiendo Alguien de quien dependan para sobrevivir.

Su máximo Proveedor

Dios es el Autor de todo. Cada experiencia, cada emoción, cada pensamiento (cada respiración) es un regalo de Dios. Sin un padre, un niño no puede ser formado o nacer. Su Padre celestial planeó su nacimiento, su vida y su destino. Debido a su amor por usted, usted es un coheredero con su Hijo, Jesucristo, destinado a heredar todo lo que Dios tiene: riqueza, salvación y vida eterna. Como usted es la niña de sus ojos, puede estar en su presencia cada día, cada minuto, cada segundo de su vida, y saber que está bendecido.

¿Reconoce de dónde viene su provisión? ¿Pone su fe en su trabajo o en su cónyuge? ¿Cree que tiene que trabajar por cada moneda que gana? ¿O reconoce que cada respiración que da, cada moneda que gana, es verdaderamente un regalo de Dios? ¿Da las cosas por hechas, u ofrece la alabanza de agradecimiento a Aquel que provee? Entender de dónde vienen las cosas y quién es el verdadero Proveedor requiere cierta educación. Pero el conocimiento correcto salvará su alma: literalmente.

Podemos creer que recibir es fácil, ¿pero es realmente así? ¿Merece usted ser sanado? ¿Cree que Dios quiere que prospere en todas las cosas? ¿O está operando con la mentalidad de que Dios le está enseñando una lección? ¿Realmente cree que Él le quiere ver pobre y enfermo?

Él planeó su nacimiento. Él le conoció antes de que respirase por primera vez. Piense en ello: de los millones de espermas de su padre y de un óvulo de su madre, Dios escogió el emparejamiento exacto que quiso para crear la singular persona que usted ve en el espejo cada mañana. Él sabía los talentos que pondría en usted, así como las características que necesitaría para prosperar. Nuestro

Padre es un Dios grande, grande. Él estaba ocupado dándole sus rasgos y atributos mientras usted estaba siendo formado en el vientre de su madre. Él le dio su primera respiración, su primer lloro. Usted fue un bendito regalo de Dios para sus padres, y sus padres, a cambio, fueron un regalo especial que Él escogió específicamente para usted.

Nuestro Padre creó la tierra como un regalo para que todos sus hijos disfrutaran. Desgraciadamente, algunos de sus hijos son rebeldes y destructivos en vez de ser agradecidos.

Nuestro Padre creó la tierra como un regalo para que todos sus hijos disfrutaran. Desgraciadamente, algunos de sus hijos son rebeldes y destructivos en vez de ser agradecidos. Un día, ellos también reconocerán a Dios como Padre y doblarán su rodilla ante Él. Sin embargo, usted y yo no somos responsables de las acciones de nadie salvo de las nuestras.

¿Está usted agradecido por cada día? ¿Está dando las gracias y alabando a su Padre por todo lo que le ha dado? Si no lo está haciendo hoy, lo hará al término de este libro.

Aprender a recibir

Los cristianos a menudo creen que saben exactamente cuándo y cómo va a proveer Dios para sus necesidades. En estos casos, Dios por lo general llega desde la dirección contraria y les sorprende totalmente. No estoy subestimando el valor de la oración o la importancia de escudriñar las Escrituras para aferrarnos a versículos preciosos. Incluso creer estas preciosas promesas en su Palabra tiene un componente intrínseco de "recibir". Sin embargo, muchos deben aprender a ir más allá de posicionarse sobre sus promesas y verdaderamente llegar a *recibirlas*.

Esta verdad la encontramos en la carta de Pablo a los Romanos:

> *Ahora bien, el dinero que se le paga a alguien por un trabajo no es ningún regalo, sino algo que se le debe. En cambio, Dios declara inocente al pecador, aunque el pecador no haya hecho nada para merecerlo, porque Dios le toma en cuenta su confianza en él.* (Romanos 4:4–5, TLA)

Cuando alguien intenta bendecirle porque Dios le ha impulsado a hacerlo, ¿cuál es su reacción? ¿Se cruza usted de brazos o los pone detrás de la espalda y dice: "No, no, realmente no necesito esto"? ¿O le da gracias a la persona educadamente, dándole a Dios toda la gloria?

El dinero no crece en los árboles ni cae del cielo; sin embargo, usted debiera esperar que su provisión venga de fuentes así de inesperadas. Sus regalos serán canalizados a través de otras personas. Usted debería anticipar sus bendiciones en cada esquina. Él puede usar a cualquiera en cualquier momento para bendecirle como una respuesta a sus oraciones. Abra su corazón para recibirlas. Abra sus manos para estirarlas y asirlas.

Una amiga mía, que se encontraba en una situación desesperada, intentó darme un regalo que le costaba mucho. Mi primer impulso fue decir: "No, tú necesitas esto más que yo". Ella se giró hacia mí y dijo firmemente: "No, aceptarás este regalo. No puedes robarme mi bendición". Yo sonreí, accedí, y recibí con agrado lo que tenía en su mano.

Y tuve que aprender a decir: "¡Gracias!". ¿Qué marca la diferencia? Ahora sé lo que ocurrirá cuando usted le "dé" gratuitamente un regalo a Dios. Él bendice gratuita y abundantemente a los que dan alegremente con un corazón agradecido.

Personalmente, tuve que aprender a recibir. Ahora estoy enseñándoles a otros cómo hacer lo mismo. Durante años, me sentí indigna de recibir cualquier cosa por la que no hubiera trabajado mucho para conseguir. Dice en 2 Tesalonicenses 3:10: "*Si alguno no quiere trabajar, tampoco coma*". Esto me llevó a creer que no merecía nada a menos que trabajase mucho por ello o de algún modo ganara el dinero para comprarlo. Sí, "recibía" el pago por mi trabajo; sin embargo, sentía que "merecía" ese pago porque me lo había "ganado" con mis esfuerzos. No aceptaba nada a menos que hubiera trabajado por ello; me sentía indigna de recibir regalos gratuitamente. Aunque había sido cristiana desde los doce años y siempre había reconocido a Dios como mi Padre y Fuente celestial de todo, aún tenía que aprender a recibir. Tuve que mirarme en el espejo y practicar diciendo: "Muchas gracias". Puede sonar ridículo, pero es cierto.

Su vida depende de la capacidad para recibir, y la habilidad para mantener lo que haya recibido. Leer este libro le mostrará exactamente cómo. Transformará su vida porque esta información afectará a cada área de su vida. Cambiará su manera de pensar. Amará con un corazón nuevo. Verá con una perspectiva renovada, y vivirá con el latido de Dios.

2

EL DADOR DE TODA BUENA DÁDIVA

"Pues si vosotros, siendo malos, sabéis dar buenas dádivas a vuestros hijos, ¿cuánto más vuestro Padre que está en los cielos dará buenas cosas a los que le pidan?".

—Mateo 7:11

"Toda buena dádiva y todo don perfecto desciende de lo alto, del Padre de las luces, en el cual no hay mudanza, ni sombra de variación".

—Santiago 1:17

Hace años, oí a alguien contar una historia interesante para explicar la provisión de Dios, y me gustaría compartirlo con usted. ¿Qué ocurriría si su padre terrenal pusiera una cantidad ilimitada de dinero en una cuenta bancaria solo para usted, y lo único que tuviera que hacer fuera extender un cheque para acceder a ese dinero y comprar todo lo que quisiera? ¿No se aprovecharía de esa provisión?

Bien, nuestro Padre celestial tiene un almacén de bendiciones para cada uno de sus hijos, esperando que alguien las tome y las disfrute. Su cuenta de banco está boyante, y Él le ha dado el número secreto para abrirla y recibir todo lo que Él tiene almacenado para que usted lo use y lo disfrute.

Todo lo que ha recibido, y todo lo que recibirá en el futuro, es un regalo de Dios. Usted nunca podrá ganarse su amor incondicional o hacer lo suficiente para ser verdaderamente digno de sus abundantes bendiciones. Él quiere que usted tenga una buena vida, así que Él explica lo que usted tiene que hacer y perseguir, así como qué cosas evitar, que son perjudiciales para su existencia y podrían bloquear sus bendiciones para que no lleguen a usted. La única condición es que usted sea uno de los hijos de Dios, porque solo los que le llaman Padre son aptos para recibir sus bendiciones.

¿Es usted hijo de Dios?

Porque todos los que son guiados por el Espíritu de Dios, éstos son hijos de Dios. Pues… habéis recibido el espíritu de adopción, por el cual clamamos: ¡Abba, Padre! El Espíritu mismo da testimonio a nuestro espíritu, de que somos hijos de Dios. Y si hijos, también herederos; herederos de Dios y coherederos con Cristo, si es que padecemos juntamente con él, para que juntamente con él seamos glorificados. (Romanos 8:14–17)

De nuevo, todas las personas son creadas por nuestro Dios Padre y reciben de Él diariamente. Sin embargo, para recibir lo mejor de Dios debe reconocerle por lo que Él es y también recibir a su Hijo como Señor y Salvador. En otras palabras, su primera experiencia de "recibir" de Dios ocurre cuando abre la puerta de su corazón y permite que Jesús entre. Junto a su presencia y salvación eterna, recibirá su Espíritu Santo para guiarle y dirigirle, y mucho más.

Si nunca ha dado este paso, le invito a orar conmigo y aceptar a Jesucristo en su corazón como el Señor y Salvador de su vida.

> Padre, te reconozco como el Creador y la Fuente de toda buena dádiva. Sé que para ser digno de recibir lo mejor que tú tienes para mi vida, debo aceptar a Jesús, tu Hijo, como mi Salvador. Perdóname, Padre, por las cosas malas que he hecho en el pasado. Sé que no puedo ser perfecto, pero estoy dispuesto a darte mi vida y a pedir a Jesús que entre en mi corazón. Creo que Él murió para que yo pudiera reconciliarme contigo, y creo que resucitó de la muerte para que yo pueda recibir vida eterna. No quiero estar más tiempo separado de ti; quiero nacer de nuevo a una nueva vida contigo. Por favor, envía tu Espíritu Santo para guiarme y enseñarme mientras intento seguirte a partir de este día. Gracias, Jesús. Es en tu nombre que oro, amén.

Los beneficios de ser hijo de Dios

Cuando usted nace de nuevo en el reino de Dios, no solo recibe salvación y el derecho a ser llamado su hijo; usted recibe el derecho a recibir todas las promesas de Dios. Para hacer eso, ¡tiene que saber cuáles son! Esta es una razón por la que es importante leer la Biblia: es un bosquejo de las innumerables bendiciones que legítimamente pertenecen a cada uno de los hijos de Dios. Cuando usted entiende lo que tiene derecho a recibir como hijo del Rey, puede experimentar el cielo en la tierra. Ha sido adoptado como hijo o hija del Dios del universo, ¡y Él quiere bendecirle y sanarle!

Salvación

> *Que si confesares con tu boca que Jesús es el Señor, y creyeres en tu corazón que Dios le levantó de los muertos, serás salvo. Porque con el corazón se cree para justicia, pero con la boca se confiesa para salvación.* (Romanos 10:9–10)

Solo mediante la sangre de Jesús puede un hombre esperar entrar en la santa presencia de Dios. Jesús abrió el camino.

Salvado o no, ningún ser humano podría ser apto jamás para entrar en la presencia de Dios. El hombre es inherentemente pecador y siempre lo será. Solo mediante la sangre de Jesús puede un hombre esperar entrar en la santa presencia de Dios. Jesús abrió el camino. Cuando usted abrió la puerta de su corazón y le dejó entrar, Él abrió la puerta del cielo para que usted entrara. Nadie será nunca suficientemente bueno, pero su Hermano mayor, Jesús, le da un pase gratuito a la eternidad con Él.

La Biblia dice en Romanos 10:17: *"Así que la fe es por el oír, y el oír, por la palabra de Dios"*. En términos sencillos, para mantener la fe funcionando con éxito, tiene que seguir leyendo, hablando y escuchando la Palabra de Dios. Así que seguiremos usando su Palabra como la fuente de principios que llevan al éxito tanto al recibir como al mantener las maravillosas bendiciones que Él nos da.

La morada del Espíritu Santo

> *Y yo rogaré al Padre, y os dará otro Consolador, para que esté con vosotros para siempre.* (Juan 14:16)

[Jesús dijo:] *"Os conviene que yo me vaya; porque si no me fuera, el Consolador no vendría a vosotros; mas si me fuere, os lo enviaré… Pero cuando venga el Espíritu de verdad, él os guiará a toda la verdad".* (Juan 16:7, 13)

Pero recibiréis poder, cuando haya venido sobre vosotros el Espíritu Santo. (Hechos 1:8)

Cuando Jesús dio sus últimas instrucciones a sus fieles seguidores, les dijo que esperasen hasta que fueran investidos de poder. ¿De qué tipo de poder estaba hablando, y por qué lo necesitaban los discípulos? Estaba hablando acerca del Espíritu Santo, el tercer miembro de la Deidad, que vive dentro de cada creyente.

A menudo menospreciado o ignorado, el Espíritu Santo parece ser el compañero silencioso de la Trinidad. Sin embargo, el Espíritu Santo trae poder del cielo para vivir dentro de usted para siempre.

Jesús había experimentado las dificultades y luchas de la vida. Él sabía que a la humanidad le costaría caminar en victoria sobre el enemigo sin ayuda sobrenatural. Incluso Jesús necesitó la ayuda del Espíritu Santo, en más de una ocasión, durante sus años en la tierra. Sin embargo, tuvo que regresar al cielo antes de poder pedir a su Padre que enviara al Consolador para ayudar a los creyentes en la tierra.

A menudo menospreciado o ignorado, el Espíritu Santo parece ser el compañero silencioso de la Trinidad. Sin embargo, el Espíritu Santo trae poder del cielo para vivir dentro de usted para siempre. ¡Este no es un acontecimiento simple o insignificante! ¿Qué hace el Espíritu Santo? ¿Por qué es importante el "Consolador"?

Para responder a estas preguntas, es útil considerar algunos otros nombres para el Espíritu Santo: Consolador, Ayudador,

Intercesor, Abogado, Fortalecedor y Espíritu de verdad. (Véase Juan 14:16–17). El Espíritu Santo es su compañero constante, la parte de la Deidad que siempre está a su lado, guiándole y fortaleciéndole durante el viaje de su vida. Él puede decirle si usted debería detenerse, avanzar, girarse, huir o seguir hacia delante en su actual camino. Sus advertencias pueden salvar su vida. Como contraste, Él puede decirle mucho acerca de la gente con la que se encuentra.

¿No le gustaría tener un Gran Amigo que siempre caminara con usted y hablara con usted siempre que lo quisiera o necesitara? ¿No daría la bienvenida a Alguien que le diera el consejo perfecto en cada situación de la vida? Las computadoras puede que sean una fuente de información interminable; sin embargo, el Espíritu Santo lo sabe todo, especialmente lo que es mejor para la situación concreta que está usted viviendo ahora mismo. La sabiduría y el entendimiento sobrenatural están disponibles a cada momento. No se resista a todo lo que Él quiere darle. Abra su corazón y reciba este gran regalo inmensurable de Dios.

> *Y nosotros hemos recibido el Espíritu de Dios (no el espíritu del mundo), de manera que podemos conocer las cosas maravillosas que Dios nos ha regalado.* (1 Corintios 2:12, NTV)

El fruto del Espíritu

> *Mas el fruto del Espíritu es amor, gozo, paz, paciencia, benignidad, bondad, fe, mansedumbre, templanza.*
> (Gálatas 5:22–23)

Una persona puede decir que es salva, pero si continúa en sus antiguos hábitos desarrollados en el campamento enemigo, el cambio no es auténtico. Si hay un verdadero cambio de corazón, habrá un cambio externo también. Parte del cambio que ocurre es que comienza a exhibir lo que la Biblia llama el fruto del Espíritu.

En vez de ser malo, egoísta, feo y rencoroso (atributos de Satanás), de repente experimenta un cambio de personalidad y comienza a expresar gozo, amabilidad, gentileza y amor (atributos de Jesús).

> *Porque en otro tiempo erais tinieblas, mas ahora sois luz en el Señor; andad como hijos de luz (porque el fruto del Espíritu es en toda bondad, justicia y verdad), comprobando lo que es agradable al Señor.* (Efesios 5:8–10)

Cuando usted es salvo y lleno del Espíritu Santo, toda su vida cambia. Algunas personas experimentan una transformación tan profunda que nadie les reconoce. Para otros, el cambio sucede gradualmente. Sin importar lo que tarde, cuando usted acepta a Dios como Padre, la savia de su vida cambia de mala a buena. La llenura del Espíritu Santo cambia su ADN espiritual.

Dones espirituales

> *Ahora bien, hay diversidad de dones, pero el Espíritu es el mismo. Y hay diversidad de ministerios, pero el Señor es el mismo. Y hay diversidad de operaciones, pero Dios, que hace todas las cosas en todos, es el mismo. Pero a cada uno le es dada la manifestación del Espíritu para provecho. Porque a éste es dada por el Espíritu palabra de sabiduría; a otro, palabra de ciencia... a otro, fe... y a otro, dones de sanidades... A otro, el hacer milagros; a otro, profecía; a otro, discernimiento de espíritus; a otro, diversos géneros de lenguas; y a otro, interpretación de lenguas. Pero todas estas cosas las hace uno y el mismo Espíritu, repartiendo a cada uno en particular como él quiere.* (1 Corintios 12:4–11)

No solo recibe usted a la persona del Espíritu Santo en su vida, sino que Él viene con regalos. Lo mejor de todo es que Él escoge regalos específicos para usted. Muchos de ellos pueden ser compartidos con otras personas, pero Él sabe cuáles son los que usted necesita para el desafío que está viviendo.

> *Según cada uno ha recibido un don especial, úselo sirviéndoos los unos a los otros como buenos administradores de la multiforme gracia de Dios.* (1 Pedro 4:10, LBLA)

Como todas las demás cosas, debe recibir estos dones y mantenerlos. Cuanto más use los dones del Espíritu, más cómodo se siente con ellos. Y estos dones se deben compartir, no almacenar o acumular. A menudo, sirven como herramientas para dar testimonio a otros.

Uno de los dones espirituales es el discernimiento. No hay nada raro o inquietante en ello; sin embargo, quizá de repente sienta la urgencia de avanzar, de salir del entorno actual o evitar a una persona en concreto. Este discernimiento es el Espíritu Santo de Dios advirtiéndole de la presencia del enemigo. Habrá oído de la "intuición de las mujeres". Esta es una intuición de Dios, en forma del Espíritu Santo hablando directamente a su espíritu. Preste atención a los impulsos del Espíritu Santo cuando Él revela algo acerca de una situación en particular.

Nuevas perspectivas

La Escritura dice que cuando Pablo, antes conocido como Saulo, recibió la fe salvadora, sus ojos fueron abiertos, y algo "*como escamas*" le cayó de sus ojos. (Véase Hechos 9:18). Después de la salvación, leer la Biblia se convierte en una experiencia totalmente nueva.

Jesús describió esta perspectiva especial a los discípulos de la siguiente forma:

> *Porque a vosotros se os ha concedido conocer los misterios del reino de los cielos, pero a ellos no se les ha concedido. Porque a*

cualquiera que tiene, se le dará más, y tendrá en abundancia; pero a cualquiera que no tiene, aun lo que tiene se le quitará.
(Mateo 13:11–12, LBLA)

Quizá haya leído cierto versículo una docena de veces, pero cuando lo lee de nuevo con ojos que creen, comienza a entenderlo con una nueva luz, a medida que el Espíritu Santo ilumina la Palabra de Dios de formas nuevas. Hay un amanecer de comprensión cuando usted "recibe" una nueva perspectiva. Dios le da este entendimiento; ¡qué maravilloso regalo!

Incontables bendiciones

Cuando usted nace de nuevo, se convierte en el favorito de Dios. Ahora es su hijo, y tiene una invitación abierta para acercarse a su trono. Él es su Padre, su Fuente de todas las cosas. Ahora es digno de recibir todas las bendiciones de Dios. Junto con su salvación, Él le da la llave de su propio almacén de inagotables provisiones. Usted está en su familia, y solo ese hecho le da acceso.

Dios ofrece su protección, sabiduría, provisión, amor, su Hijo y su Espíritu gratuitamente a todos sus hijos. Si usted es su hijo, entonces cuando acepta su contrato (su Palabra), obedece sus reglas y accede a trabajar en el jardín de Dios, la tierra, recogerá una cosecha abundante.

Fe para recibir

Si puedes creer, al que cree todo le es posible. (Marcos 9:23)

Otro regalo que recibe al estudiar la Palabra de Dios es la fe para recibir sus milagros de Él. Sí, todos nos hemos decepcionado. Muchas personas dudan de que los milagros sean reales o creen que los milagros no les ocurrirán a ellos. Sin embargo, estamos rodeados de milagros a cada momento. Cuando lee rutinariamente la Biblia,

Muchas personas dudan de que los milagros sean reales o creen que los milagros no les ocurrirán a ellos. Sin embargo, estamos rodeados de milagros a cada momento.

aprende a reconocer la mano de Dios en cada situación, afirmando así su creencia de que Él es el Dador de toda buena dádiva y su confianza en que Él será fiel en cuidar de usted cada día.

Como ocurre con todas las cosas, usted tiene que tomar una decisión. Tiene que decidir creer que es sanado y bendecido por la mano del Dios todopoderoso, que es libre para caminar en los maravillosos planes que Él tiene para su futuro. Después, cuando el enemigo intente atormentarle con dudas y mentiras, podrá reírse en su cara y sacudirse los síntomas de dolor, sufrimiento, pecado y las cargas del pasado. Actuará sobre la base de lo que cree.

Me he encontrado con muchas personas que "saben" que algo es cierto, pero creen otra cosa. Jesús les dio a los creyentes su autoridad para vencer al enemigo y sanar enfermedades:

> *Habiendo reunido* [Jesús] *a sus doce discípulos, les dio poder y autoridad sobre todos los demonios, y para sanar enfermedades.* (Lucas 9:1)

> [Jesús dijo:] *"He aquí os doy potestad de hollar serpientes y escorpiones, y sobre toda fuerza del enemigo, y nada os dañará".* (Lucas 10:19)

¿Realmente cree que todas estas promesas son totalmente ciertas para cada área de su vida? Cuando ha experimentado dolor, abuso y quebranto, quizá le resulte difícil creer que estas verdades son para usted. Aférrese a ellas y aplíquelas a cada área de su vida. Usted ya no es una víctima del enemigo. Usted es un vencedor por la sangre del Cordero y la palabra de su testimonio. (Véase Apocalipsis 12:11).

Decida creer

Cuando ha creído en Cristo y le ha aceptado como Señor y Salvador, es el momento de comenzar a actuar en base a lo que cree. Ahora mismo, decida creer que cada verdad de las Escrituras fue escrita para usted, personalmente. Encuentre solo una cosa que sepa que es un verdadero milagro de Dios. Escríbalo. Después, busque otro y otro y otro. Escriba todos. Enseguida verá que no tiene tiempo para escribir todas las bendiciones que se están derramando sobre usted. Entonces, cuando vea que necesita un poco de ejercicio para aumentar su fe, saque su lista de bendiciones y léala en voz alta, alabando a Jesús por cada una de ellas. Enseguida se levantará su estado de ánimo, y estará añadiendo incluso más bendiciones a su lista.

> ***Entonces nacerá tu luz como el alba, y tu salvación se dejará ver pronto****; e irá tu justicia delante de ti, y la gloria de Jehová será tu retaguardia…* ***Jehová te pastoreará siempre, y en las sequías saciará tu alma, y dará vigor a tus huesos****; y serás como huerto de riego, y como manantial de aguas, cuyas aguas nunca faltan. Y los tuyos edificarán las ruinas antiguas; los cimientos de generación y generación levantarás, y serás llamado reparador de portillos, restaurador de calzadas para habitar.* (Isaías 58:8, 11–12)

La Palabra de Dios es verdad. Puede estar seguro de que Él suplirá todas sus necesidades, le protegerá del mal y le bendecirá "*mucho más abundantemente de lo que pedimos o entendemos*" (Efesios 3:20).

Una garantía para toda la vida

Muchos de los bienes materiales que usted compra vienen con una garantía de algún tipo. De esa forma, si algo falla o el artículo está defectuoso, puede devolvérselo al fabricante para que se lo cambien o le devuelvan el dinero. Antes de hacer una compra importante, quizá quiera comprobar la reputación del fabricante y ver en línea informes del producto, para hacer su compra con confianza. Usted quiere lo mejor, a fin de cuentas. Si algo se rompe durante la primera semana de tenerlo, se decepcionará y cuestionará la calidad o la valía de ese objeto.

Hagamos ahora una pequeña investigación. ¿Qué sabe de la Fuente de todas las cosas? ¿Hasta qué punto es fiable Dios? ¿Cuál es su reputación? Vamos a buscar los "informes" —tanto las Escrituras como los testimonios reales de personas de hoy— como prueba de lo que Jesús ha hecho y está haciendo, para que sepamos lo que esperar de Él. Por supuesto, debería esperar lo inesperado, porque Dios es soberano; Él actúa según su propia agenda, no la de usted. Pero el proceso de familiarizarse con su demostrado historial del pasado fortalecerá su fe para lo que Él hará por usted en el futuro.

¿Está listo? Comencemos considerando algunos de los relatos más tempranos de las maravillas de Dios manifestadas en las vidas de sus hijos.

3

LOS MILAGROS DE JESÚS ANTES

"Entonces clamaron a Jehová en su angustia, y los libró de sus aflicciones".
—Salmos 107:6

Jesús es el supremo Sanador y Hacedor de milagros. Él prescribe una cura para cada enfermedad, y le está entregando la de usted en este momento. Pero quizá no está seguro de poder confiar en Él. Quizá dude de sus aptitudes. Por eso vamos a ver el historial del supremo Sanador y Hacedor de milagros de todos los tiempos, estudiando treinta y siete de sus milagros narrados en los Evangelios: Mateo, Marcos, Lucas y Juan.

No todos los milagros que vamos a ver tienen que ver con sanidad. Pero cada milagro de Jesús es una demostración de su poder sobre algún principio permitido en la raza humana mediante la caída de Adán. En conjunto, demuestran el control de Dios sobre la naturaleza, Satanás, la enfermedad, el dolor y la muerte. Deje que la verdad de estos milagros cale hondo en su espíritu, hasta que sepa a ciencia cierta: *"Mas para Dios todo es posible"* (Mateo 19:26; véase también Marcos 10:27). Cuanto más pueda profundizarlos en su espíritu, más fácil será para usted no solo recibir sino también mantener su milagro, porque mantener un milagro requiere tanta fe como recibirlo en un principio.

Un muestrario de milagros

Mientras examinamos los siguientes milagros de Jesús en el Nuevo Testamento, recuerde que solo son una muestra de las maravillas que hizo Jesús. El evangelio de Juan sugiere que muchos milagros no se escribieron:

> *Hizo además Jesús muchas otras señales en presencia de sus discípulos, las cuales no están escritas en este libro. Pero éstas se han escrito para que creáis que Jesús es el Cristo, el Hijo de Dios, y para que creyendo, tengáis vida en su nombre.*
>
> (Juan 20:30–31)

> *Y hay también otras muchas cosas que hizo Jesús, las cuales si se escribieran una por una, pienso que ni aun en el mundo cabrían los libros que se habrían de escribir. Amén.*
>
> (Juan 21:25)

Repito: la Biblia narra solo unos pocos de los numerosos milagros que Jesús hizo en verdad. A través de un estudio de los relatos bíblicos, usted puede aprender todo lo que necesita saber para ministrar como Él lo hizo, produciendo sanidades y otros milagros.

Hay muchas cosas que debe observar mientras lee estos treinta y siete milagros. Lea cada pasaje con atención en su versión favorita de la Biblia. No los lea rápido, suponiendo que sabe lo que dicen. Permita que estos versículos le hablen de una forma totalmente nueva y distinta. Observará que muchos de ellos contienen un silencioso clamor de desesperación.

Con cada resumen, ofreceré unas palabras de sabiduría y aplicación.

Milagro nº1: Jesús convirtió el agua en vino en las bodas de Caná. (Juan 2:1–11)

Quizá la parte más significativa de este relato sea cuando la madre de Jesús, María, les dijo a los sirvientes: *"Haced todo lo que os dijere"* (Juan 2:5). Esas palabras se aplican a nosotros hoy, tanto como lo fueron para quienes las recibieron originalmente. Todo lo que Jesús nos diga que hagamos, deberíamos hacerlo sin cuestionarlo. No se moleste por lo que Él pida; simplemente hágalo, independientemente de si tiene sentido para usted en lo natural. ¡Obedecer a Jesús es la forma más sabia de vivir! Hablaremos de esto con más detalle en un capítulo posterior.

Milagro nº2: Jesús sanó al hijo de un noble. (Juan 4:46–53)

Jesús sanó al hijo de un noble de Capernaúm, y desde la distancia. Cuando el hijo fue milagrosamente salvado de la muerte, Dios recibió la gloria. Como resultado de ello, toda la casa del hombre creyó. ¡Qué testimonio!

Este milagro demuestra lo que puede hacer la fe. Simplemente dice: "*Y el hombre* ***creyó*** *la palabra que Jesús le dijo, y se fue*" (Juan 4:50). El hombre no cuestionó a Jesús. Simplemente creyó lo que Él dijo. Él no dijo: "¡Sigue orando por mí!". Simplemente creyó lo que Jesús le había dicho.

¡La fe convierte los milagros en realidad! Jesús vio la fe del hombre, no solo su deseo. En Juan 4:48, Jesús habló francamente cuando dijo: "*Si no viereis señales y prodigios, no creeréis*". Entendió que muchas personas siguen las señales y los prodigios, cuando en realidad las señales y los prodigios deberían seguir a los que creen.

Milagro nº3: Jesús se volvió invisible. (Lucas 4:28–30)

Jesús pudo caminar a través de una multitud sin que nadie le viera. Esto significa o bien que se volvió invisible o que todos se quedaron ciegos ante su presencia. Suena bastante increíble, ¿verdad? Sin embargo, nada es imposible para Dios si usted cree. Sus milagros vienen de muchas formas y de muchas maneras. Él sabe el tiempo perfecto y la forma ideal de llevarse la gloria por medio de cada milagro.

Milagro nº4: Dios suplió abundantemente una gran pesca de peces. (Lucas 5:1–11)

Un pescador llamado Simón estaba muy cansado después de haber estado pescando toda la noche sin obtener resultados. Cuando Jesús le dijo que lanzara sus redes en lo hondo, Simón no quería seguir sus instrucciones. Pero muy a pesar suyo obedeció, diciendo: "*Mas en tu palabra echaré la red*" (Lucas 5:5). Y Dios le bendijo con una pesca tan grande que la red del pescador comenzó a romperse y su barca se hundía. (Véase Lucas 5:6–7).

Este milagro ilustra la provisión de Dios en todas las cosas. Él no dio lo suficiente, sino mucho más que lo suficiente. Él suplió abundantemente cuando Simón se posicionó en el lugar correcto para recibir. En un capítulo posterior hablaremos más de la posición adecuada para recibir la provisión divina.

Milagro nº5: Jesús echó fuera demonios de un endemoniado. (Marcos 1:23–27; Lucas 4:33–36)

Jesús no perdió el tiempo hablando con el diablo toda la noche. No discutía con un espíritu inmundo. Sabiendo que los demonios tenían que obedecer su autoridad, Jesús meramente les dijo que salieran del hombre. No había duda alguna en su mente de quién era Él. La gente se maravillaba cuando veía su autoridad, la misma autoridad que Él le ha dado a usted.

> *De cierto, de cierto os digo: El que en mí cree, las obras que yo hago, él las hará también; y aun mayores hará, porque yo voy al Padre.* (Juan 14:12)

Cuando usted usa el nombre de Jesús y habla con su autoridad, cualquier espíritu inmundo saldrá, exactamente como lo hicieron cuando Jesús dijo estas palabras. Muchas enfermedades, el cáncer incluido, pueden estar causadas por espíritus demoniacos. Tanto los cristianos como los pecadores son atacados por demonios que producen cáncer. En estos casos, la única cura es echar fuera al espíritu demoniaco en el poderoso nombre de Jesús.

Hace varios años, mis padres estaban dirigiendo una reunión donde una mujer le preguntó a mi madre si alguna vez había conocido a alguien que hubiera sido sanado de epilepsia. Un joven que estaba cerca de pie habló y dijo: "¿Me permite responder esa pregunta por Frances?". Ella accedió, y él continuó: "Ella me impuso manos hace nueve años y echó al espíritu de epilepsia, y nunca he vuelto a tener un ataque desde esa vez".

El único requisito para imponer manos y echar fuera demonios es conocer el poder en el nombre de Jesús cuando tratamos con el demonio o los demonios. No es necesario gritar, ni debería responder una y otra vez al diablo. El espíritu demoniaco simplemente debe irse en el nombre de Jesús.

Milagro nº6: Jesús sanó a la suegra de Simón. (Lucas 4:38–39; Mateo 8:14–15; Marcos 1:30–31)

Esta historia es tan sencilla que está resumida en solo dos versículos en cada uno de los tres relatos de los Evangelios en los que aparece. Fue un gesto sencillo o toque de Jesús lo que hizo que se produjese el milagro. Si puede creer que Jesús aún toca vidas hoy día, eso es lo único que se necesita; tan solo una pequeña chispa de fe es suficiente para que se produzca un milagro en su vida.

La milagrosa sanidad de la suegra de Simón ocurrió como cualquier ocurrencia diaria en la vida de Jesús. Fue a visitar y encontró a un miembro de la familia enfermo. Sin protestar, se acercó y le tocó, y ella fue sanada al instante. Inmediatamente se levantó y continuó con sus tareas como anfitriona.

Cada día, usted tiene la oportunidad de tocar a todos aquellos cuyos caminos se cruzan con el suyo. ¿Con cuántas personas se encuentra en un día normal? El número es probablemente más alto de lo que se imagina. Y cada vida es una oportunidad para que usted comparta el evangelio, para que ore y para que declare sanidad. Permita que Jesús, que vive en usted, actúe a través de usted para sanar a otros. Esté alerta cada día a alguien que necesite una palabra de Él, y esté abierto a recibir esa palabra, para que pueda darla fielmente a algún corazón que necesite sanidad o ánimo.

Milagro nº7: Jesús echó fuera demonios y sanó a todos los enfermos. (Mateo 8:16–17; Marcos 1:32–34; Lucas 4:40–41)

Es emocionante ver a la gente sanada con un toque del poder de Dios. Jesús tenía miles en sus reuniones, y oraba por ellos cuando estaba solo, en momentos a solas con su Padre celestial. En los años que han pasado, Jesús no ha cambiado. Su deseo es sanar a "todos", tal y como Él hacía antes, y quiere hacerlo ahora a través de usted.

Jesús ministró a grandes multitudes, día tras día. Cuando el tamaño de una multitud sobrepasa nuestras capacidades, debemos encontrar otras formas de ministrarles, como entrenar equipos de sanidad para que ministren. Jesús obra a través de sus hijos que le siguen obedientemente imponiendo sus manos y orando por otros.

Jesús ministraba a las personas fácil y tranquilamente. Creo que esa es la forma en que Él quiere que usted lo haga diariamente. En casos en los que se ora por una persona y no es sanada, a menudo es porque la persona que está orando ha complicado el mensaje del evangelio en vez de dejarlo tan sencillo como era hace dos mil años.

Si se encuentra en necesidad de sanidad, sepa que Jesús quiere sanarle hoy, exactamente igual que sanó a todos los que estaban enfermos en su época. Él quiere sanar a todos los enfermos. Es un proceso simple. No se esfuerce, no se agote ni sude para recibir su sanidad. Solo relájese y mantenga sus ojos en Él. Él lo hizo simple, y espera que usted lo siga haciendo igual.

Milagro nº8: Jesús sanó a un hombre con lepra. (Mateo 8:2–4; Marcos 1:40–44; Lucas 5:12–15)

En los tres relatos de esta sanidad, Jesús afirmó su disposición a sanar. Es la voluntad de Dios sanarle. Es su voluntad que usted esté bien y se mantenga bien. Antes de que el leproso le pidiera a Dios que le sanara, se postró y le adoró: a Aquel que tenía el poder, la autoridad y el deseo de restaurarle.

Jesús está diciendo: "Desde el fondo de mi corazón, con todo lo que soy, quiero sanarte. No quiero verte en un lecho de enfermo. Quiero que estés bien. Quiero satisfacer tus deseos más hondos. Me deleito en concederte los deseos de tu corazón". (Véase Salmos 37:4).

Jesús quiere sanarle tanto como usted quiere ser sanado. No tiene que rogarle o suplicarle. Él está extendiendo sus brazos a usted, diciendo: "Quiero sanarte". Ese es el deseo de Dios. ¡No es su voluntad que usted esté enfermo! Así que esté abierto a aceptar su regalo gratuito de una sanidad total.

Milagro nº9: Jesús sanó a un hombre de parálisis. (Mateo 9:2–8; Marcos 2:3–12; Lucas 5:18–26)

Jesús sanó a un hombre paralítico a quien sus amigos habían bajado hasta una habitación abriendo un orificio en el techo. Los tres relatos señalan esto: *"Al ver Jesús la fe de ellos"* (Mateo 9:2; Marcos 2:5; véase también Lucas 5:20). Su enfoque estaba en la fe con la que habían actuado —su determinación a que su amigo estuviera ante el Maestro Sanador, sin importar el coste—, en vez de estar en la enfermedad del paralítico. ¡La fe es más poderosa que la fragilidad!

Romanos 4:17 dice que Dios *"da vida a los muertos, y* ***llama las cosas que no son, como si fuesen****"*. A pesar de lo importante que es hablar en fe, Dios necesita "ver" su fe en acción, no solo oírle decir lo que usted cree. Jesús *"vio"* la fe de estos hombres, demostrada por lo que estuvieron dispuestos a hacer para ayudar a su amigo.

Milagro nº10: Jesús sanó a un hombre cojo junto al estanque de Betesda. (Juan 5:2–16)

Al hombre enfermo en el estanque de Betesda, Jesús le dijo: *"¿Quieres ser sano?"* (Juan 5:6). Unas pocas frases después, simplemente dijo: *"Levántate, toma tu lecho, y anda"* (Juan 5:8).

Usted no solo necesita saber que Jesús quiere sanarle; usted debe querer que le sane. Tiene que decidir que verdaderamente quiere ser sanado. Ya se trate de una gran enfermedad o de una pequeña enfermedad, ¡debe querer recuperarse!

La enfermedad puede ser una manera conveniente no ir al trabajo, la escuela o la iglesia, una excusa para no hacer otra cosa. El hombre del estanque puso una excusa para no ser sanado. Tuvo una actitud negativa. Le dijo a Jesús: *"Señor,... no tengo quien me meta en el estanque cuando se agita el agua; y entre tanto que yo voy, otro desciende antes que yo"* (Juan 5:7). Algunas personas se empapan de la atención extra que reciben mientras están enfermos, ¡pero esto es perjudicial para la sanidad! Busque su sanidad, y no excusas o compasión.

Milagro nº11: Jesús sanó a un hombre con una mano seca. (Mateo 12:10–13; Marcos 3:1–5; Lucas 6:6–10)

Los fariseos en este escenario cuestionaron la decisión de Jesús de sanar a alguien el día de reposo porque no querían que el hombre recibiera su sanidad. Me encanta cómo Jesús les respondió en Mateo 12:12: *"Pues ¿cuánto más vale un hombre que una oveja? Por consiguiente, es lícito hacer el bien en los días de reposo"*. Jesús le dijo al hombre: *"Extiende tu mano"* (Mateo 12:13; Marcos 3:5; Lucas 6:10), y el hombre fue sanado al instante, anulando el espíritu de legalismo de los fariseos.

Milagro nº12: Por una palabra, Jesús sanó al siervo de un centurión. (Mateo 8:5–10; Lucas 7:2–10)

Jesús sanó al siervo de un centurión enviándole su palabra. Jesús después alabó la gran fe del centurión. Las oraciones recorren grandes distancias. No tiene que estar usted en el pueblo de al lado de la persona por la que está orando para que sus oraciones sean eficaces. Ministrar a través de la televisión, en línea, por teléfono y cosas similares funcionan igual de bien. ¿Cuántas veces ha viajado la unción de Dios por las ondas a través de la televisión o la radio hasta el otro lado del mundo y ha sanado a los enfermos o ha ministrado salvación a los perdidos? Dios no conoce barreras como la distancia o el tiempo. Sin importar el método, la palabra de Dios de sanidad funciona cuando se dice en verdad.

Milagro nº13: Jesús resucitó a un joven de la muerte. (Lucas 7:11–15)

Jesús se compadeció en gran manera de esta madre, que había perdido a su único hijo. No le habló a la madre, sino que le habló al joven, y él se incorporó de inmediato, ¡después de revivir y sentirse bien de nuevo! Jesús dio vida a los muertos.

Hay muchas personas en nuestro mundo que están físicamente vivas pero espiritualmente muertas. Sus palabras, dichas en fe, pueden resucitarles de la muerte espiritual. ¡Comparta su testimonio y extienda el evangelio!

Milagro nº14: Jesús sanó a un hombre que estaba endemoniado, ciego y mudo. (Mateo 12:22–23; Lucas 11:14)

Jesús sanó a un hombre que estaba poseído por un demonio, ciego y mudo. Después, el hombre pudo hablar y ver. Jesús es el nombre sobre todo nombre. Él tenía y tiene todo el poder al alcance de sus dedos. A través de nosotros, su poder puede manifestarse en el mundo hoy.

La sanidad es algo que deberíamos esperar que ocurriera. La Biblia no dedica cincuenta páginas a una sanidad. Simplemente dice que la gente llevó a Él al que estaba poseído por un demonio, y Él le echó fuera. Las Escrituras no dicen nada acerca de la fe de la persona en cuestión. Cuando Jesús pronunció la palabra, ¡el diablo salió! Y lo mismo es posible hoy. Si usted cree que Jesús vive dentro de usted, puede hablar en su nombre, con el resultado de que los demonios huyen. Jesús está hablándole hoy. ¿Qué necesita? Él tiene la respuesta.

Milagro nº15: Jesús calmó el mar. (Mateo 8:23–27; Marcos 4:35–41; Lucas 8:22–25)

La reacción de los discípulos al tumulto del mar es el retrato del pánico. Habían confiado en Jesús y le habían seguido hasta la barca, pero cuando se alzó la tormenta, el viento casi se lleva su fe.

Cuando Jesús calmó la tormenta, sus discípulos se maravillaron que el viento y el mar le obedecieran. No se daban cuenta de que todo en el universo está sujeto al nombre y la voz del Creador del mundo.

Milagro nº16: Jesús echó fuera demonios del hombre gadareno, y fue sanado. (Mateo 8:28–32; Marcos 5:1–13; Lucas 8:26–33)

Jesús no se especializó solo en un tipo de milagro. Él era capaz de hacer cualquier tipo de milagro, y sigue pudiendo hacerlo hoy, si usted tan solo recuerda que *"Jesucristo es el mismo ayer, y hoy, y por los siglos"* (Hebreos 13:8).

En este relato, Jesús echó fuera demonios de un hombre poseído que vivía en las tumbas de la región de los gadarenos. El hombre sanado después se arrodilló y le adoró:

> *Y el hombre de quien habían salido los demonios le rogaba que le dejase estar con él; pero Jesús le despidió, diciendo: Vuélvete a tu casa, y cuenta cuán grandes cosas ha hecho Dios contigo. Y él se fue, publicando por toda la ciudad cuán grandes cosas había hecho Jesús con él.* (Lucas 8:38–39)

Milagro nº17: Jesús sanó a una mujer que había sufrido doce años de flujo de sangre. (Mateo 9:20–22; Marcos 5:25–34; Lucas 8:43–48)

Por su gran fe, la mujer con el flujo de sangre fue totalmente sanada cuando tocó el borde del manto de Jesús. Y Él le dijo: *"Hija, tu fe te ha hecho salva; ve en paz"* (Marcos 5:34; Lucas 8:48; véase también Mateo 9:22).

Es también importante que Jesús observase que salió poder de Él. Había cientos de personas a su alrededor, agolpándose contra

Él; sin embargo, Él dijo: *"Alguien me ha tocado; porque yo he conocido que ha salido poder de mí"* (Lucas 8:46). Incluso con tantas personas tocándole, no sintió que el poder salió de Él hasta que esta mujer tocó su manto. Nadie más estaba buscando sanidad con la determinación de ella. Su fe extrajo el poder de Jesús hasta el punto de que Jesús mismo lo sintió.

Milagro nº18: Jesús resucitó a una niña de la muerte. (Mateo 9:18–19, 23–26; Marcos 5:22–24; 35–43; Lucas 8:41–42, 49–56)

Este relato nos habla de un milagro dentro de un milagro. Si recuerda, el milagro nº 17 fue la sanidad de la mujer con el flujo de sangre, el cual interrumpió el milagro de la resurrección de la hija de Jairo de la muerte. En los relatos que hacen los tres Evangelios de este acontecimiento, la sanidad de la mujer con el flujo de sangre interrumpe la historia de la milagrosa resurrección de la hija de Jairo.

No es algo raro para mí que, mientras impongo manos sobre los enfermos, el Espíritu de Dios me dirija a ir e imponer manos sobre otra persona. Una interrupción o un retraso en el milagro de una persona se convierte en el instante en que Dios hace un milagro en otra persona.

Milagro nº19: Jesús devolvió la vista a dos ciegos. (Mateo 9:27–31)

Solo cinco versículos en el relato de un Evangelio están dedicados a la sanidad de dos ciegos. ¡Piense en lo que sucede hoy cuando un ciego es sanado! Yo me gozo sin cesar.

Observe que estos dos hombres eran ciegos de ambos ojos. Jesús simplemente tocó sus ojos y dijo: *"Conforme a vuestra fe os sea hecho"* (Mateo 9:29), ¡y fueron sanados! Deje que su fe se desarrolle y crezca mientras lee estos milagros. Conforme a su fe, ¡será sanado!

Milagro nº20: Jesús sanó a un hombre mudo por un demonio. (Mateo 9:32–33)

Hay varios aspectos únicos de este pasaje. Algunas personas llevaron a un hombre mudo poseído por un demonio a Jesús, y Él echó fuera al demonio. Este detalle está implícito, sin embargo, porque dice: "*Y **echado** fuera el demonio...*" (Mateo 9:33). No dice que Jesús luchara con el diablo durante horas y horas. No dice que "orase" para echar el demonio. Jesús simplemente escogió las palabras correctas, habló con autoridad y echó fuera al demonio.

Milagro nº21: Jesús alimentó a cinco mil personas solo con cinco panes y dos peces. (Mateo 14:15–21; Marcos 6:35–44; Lucas 9:12–17; Juan 6:5–13)

No cabe duda de que la alimentación de los cinco mil fue un milagro. Dios demostró su provisión y capacidad para multiplicar de una manera ilimitada. Aunque usted sea uno de entre cinco mil enfermos y hambrientos, Dios siempre tiene provisión para usted. Él le conoce, aunque pueda haber millones de personas que también estén enfermas. Él provee lo que usted necesita, ya sea sanidad, o recursos, o cualquier otra cosa, sin importar cuáles sean sus circunstancias en ese momento. Siempre hay sanidad suficiente para todos. Si se da cuenta, quedó más comida de sobra después de la alimentación de los cinco mil de la que había antes. ¡Esta es la compasión de Dios! ¡Esta esa la provisión de Dios! ¡Este es el amor de Dios!

Milagro nº22: Jesús caminó sobre el agua, y también Pedro. (Mateo 14:22–33; Marcos 6:47–51; Juan 6:16–21)

Esta historia está llena de milagros para recordar en tiempos de enfermedad u otra adversidad. Primero, Jesús caminó sobre el agua. Segundo, Pedro caminó sobre el agua. Tercero, Pedro comenzó a hundirse. Cuarto, Jesús le subió a la barca, ¡e inmediatamente estaban en tierra!

Aplique esta historia a sus necesidades. Hay veces en que tendrá que caminar sobre mares tormentosos con toda la fe que pueda encontrar. Esos tiempos estirarán su fe como nunca. Si necesita sanidad, o si ha recibido sanidad pero aún está cuestionando a Dios, acuérdese de Pedro. Con sus ojos en el Maestro, estaba haciendo lo imposible: caminar sobre el agua. Cuando puso sus ojos en sus circunstancias, perdió lo que había ganado mediante la fe. Cuando se terminó el milagro, los discípulos estaban de inmediato en la orilla. Piense en esto: si sus condiciones comienzan a empeorar, clame a Jesús; Él se acercará y le tocará, ¡y será sanado de inmediato!

Mantenga sus ojos en Jesús y obedezca solamente a su voz. No reaccione a sus entornos, sino mantenga su enfoque en el Maestro. Así es como experimentará sus milagros.

Milagro nº23: Jesús sanó a la hija de una mujer cananea de un demonio. (Mateo 15:21–28; Marcos 7:25–30)

Esta madre fue persistente. No se rindió. Sabía que Jesús tenía la respuesta a su necesidad más honda: la liberación de su hija de la posesión demoniaca. Ella admitió que su necesidad no estaba al alcance de su mano en lo natural. Jesús no le respondió de inmediato, pero ella fue insistente y Él se dio cuenta, concediéndole el deseo de su corazón. Usted tiene que ser persistente creyendo en fe hasta que reciba el milagro que necesita. ¡Nunca se rinda!

Otro detalle que merece la pena destacar sobre este relato es que la mujer adoró a Jesús. (Véase Mateo 15:25). Ella reconoció su autoridad y expresó su gratitud con un corazón agradecido, y Jesús le recompensó.

Milagro nº24: Jesús devolvió la salud a un hombre y le sanó de un impedimento en el habla. (Marcos 7:32–37)

Este hombre no acudió a Jesús por sí mismo: unos amigos le llevaron a Él. Cuando su fe flaquea, la fe de sus amigos creyentes puede ser una ayuda tremenda para recibir su sanidad. Júntese con otras personas que crean en la sanidad. Rodéese de fe, ¡y la suya crecerá! Jesús sana de muchas formas, y a veces usará a un amigo para llevarle donde debe estar, ya sea física o espiritualmente.

Milagro nº25: Jesús alimentó a cuatro mil con siete panes y unos cuantos peces. (Mateo 15:32–38; Marcos 8:1–9)

Los discípulos dudaban de la capacidad de Jesús de alimentar a las masas de personas que se habían reunido allí ese día, pero Jesús desafió su escepticismo. Quizá tenga familiares o amigos que son muy pesimistas respecto a su sanidad. Si es así, debe recordar que usted y Dios son mayoría. ¡No permita que el pesimismo de otros desinfle su fe!

Milagro nº26: Jesús sanó a un ciego de Betsaida. (Marcos 8:22–26)

De nuevo, vemos un ciego al que sus amigos llevaron ante Jesús. ¡Y fueron los amigos, no el ciego, los que pidieron su sanidad! Jesús tocó al hombre una vez, pero no fue hasta que no le tocó una segunda vez cuando recibió su sanidad completa. Por lo tanto, nunca debería avergonzarse de regresar más de una vez por su sanidad. Hacerlo no demuestra una falta de fe sino más bien persistencia para recibir la manifestación plena de la sanidad.

Milagro nº27: Jesús sanó al hijo de un hombre de posesión demoniaca. (Mateo 17:14–21; Marcos 9:17–29; Lucas 9:38–43)

Los discípulos habían intentado echar fuera al demonio del hijo, sin conseguirlo. Entonces Jesús fue y reprendió al espíritu inmundo. Cuando le preguntaron por qué no habían podido ellos, Él respondió:

> *Por vuestra poca fe; porque de cierto os digo, que si tuviereis fe como un grano de mostaza, diréis a este monte: Pásate de aquí allá, y se pasará; y nada os será imposible.* (Mateo 17:20)

Incluso aclaró más aún el tema, añadiendo: *"Pero este género no sale sino con oración y ayuno"* (Mateo 17:21). Su respuesta ilustra tanto la necesidad de fe como el papel de la disciplina espiritual en su caminar con Dios. Debe creer en la liberación de su poder, pero tampoco puede descuidar su vida secreta con Él.

Milagro nº28: Jesús pagó sus impuestos con provisión de un pez. (Mateo 17:24–27)

¿Cuántos peces andan por ahí nadando con dinero en la boca? No muchos, y sin embargo el primer pez que pescó Pedro, ¡era el que Jesús había estado esperando! Pedro encontró una moneda equivalente a la cantidad exacta que tenía que pagar para los impuestos del gobierno. Jesús puede suplir su necesidad de muchas maneras, de una gran variedad de fuentes. Tan solo sea obediente a Él, ¡y espere su milagro! Y nunca me diga que Dios no tiene sentido del humor.

Milagro nº29: Jesús sanó a un mendigo ciego usando barro. (Juan 9:1–7)

Una clave importante en la sanidad de este hombre fue su obediencia a Jesús cuando Él le dijo que fuera y se lavase en el estanque de Siloé. Él hizo lo que Jesús dijo, y regresó viendo. Sin embargo, había presentes algunos escépticos, como ocurre hoy día, que cuestionaron cómo se había hecho. No creían que Jesús pudiera hacer tales milagros, y cuestionaban el momento del aparente milagro, porque lo hizo en el día de reposo, un día en el que eso se consideraba ilícito. (Véase Juan 9:16, 19, 24, 26). El mendigo se puso en pie y respondió: *"Si éste no viniera de Dios, nada podría hacer"* (Juan 9:33). Él dio un maravilloso discurso sobre el poder de Dios para sanar, y merece la pena estudiarlo. (Véase Juan 9:30–33).

Milagro nº30: Jesús sanó a una mujer que había estado encorvada por una enfermedad durante dieciocho años. (Lucas 13:11–13)

Esta mujer aparentemente tenía artritis u osteoporosis. Había estado encorvada durante dieciocho años. Cuando Jesús le habló, fue sanada instantáneamente y comenzó a glorificar a Dios. Los líderes de la sinagoga de nuevo se enojaron porque Jesús sanó en día de reposo. (Véase Lucas 13:14).

Milagro nº31: Jesús sanó a un hombre de retención de líquidos. (Lucas 14:1–6)

La *hidropesía* es una enfermedad en la que un exceso de líquidos causa una gran hinchazón en algún lugar del cuerpo. Una causa puede haber sido un fallo cardiaco severo o linfedema (retención excesiva de líquido en los brazos o piernas, también llamado elefantiasis).

Jesús ministró al hombre, le sanó y le dejó ir. (Véase Lucas 14:4). El milagro no nos dice cómo salió el líquido del cuerpo del hombre, pero se demuestra aún más que nada es imposible para Dios. (Véase Mateo 19:26; Marcos 10:27; Lucas 1:37). Fue un milagro que pudieron ver, una sanidad instantánea.

Milagro nº32: Jesús sanó a diez leprosos. (Lucas 17:11–19)

Esta historia comienza con un clamor de desesperación de diez hombres. Jesús les dijo que probaran su fe; les dijo: *"Id, mostraos a los sacerdotes"* (Lucas 17:14). Cuando se daban la vuelta para irse, no habían sido sanados. Si hubieran ido a ver a los sacerdotes teniendo aún síntomas de su enfermedad, no solo habrían parecido necios, sino que también habrían sido castigados. Pero *"mientras iban, fueron limpiados"* (Lucas 17:14). La sanidad ocurrió mientras iban, caminando en fe para ver a los sacerdotes. Tuvieron que poner su fe en acción para recibir la sanidad milagrosa.

Curiosamente, solo uno de los hombres que había sido sanado de lepra regresó para expresar gratitud a Jesús. Se nos dice que él *"se postró rostro en tierra a sus pies, dándole gracias"* (Lucas 17:16). Su "corazón de agradecimiento" se desbordó a los pies de Jesús. Tras su sentida expresión de gratitud, Jesús le dijo: *"Tu fe te ha salvado"* (Lucas 17:19). Su cuerpo recuperó la salud.

Milagro nº33: Jesús resucitó a Lázaro de la muerte. (Juan 11:1–44)

> *Dicho esto, les dijo* [Jesús] *después* [a sus discípulos]: *Nuestro amigo Lázaro duerme; mas voy para despertarle. Dijeron entonces sus discípulos: Señor, si duerme, sanará. Pero Jesús decía esto de la muerte de Lázaro; y ellos pensaron que hablaba del reposar del sueño. Entonces Jesús les dijo claramente: Lázaro ha muerto; y me alegro por vosotros, de no haber estado allí, para que creáis.* (Juan 11:11–15)

Jesús habló en fe acerca de un milagro que iba a ver en el futuro. Dijo que Lázaro estaba durmiendo, aunque en términos terrenales, Lázaro estaba muerto. Jesús convirtió una mala situación en una buena. Él usó este acontecimiento para fortalecer la fe de sus seguidores. Cuando llegó a la tumba de su amigo, les recordó su enseñanza anterior.

> *Jesús le dijo: ¿No te he dicho que si crees, verás la gloria de Dios?... Y Jesús, alzando los ojos a lo alto, dijo: Padre, gracias te doy por haberme oído. Yo sabía que siempre me oyes; pero lo dije por causa de la multitud que está alrededor, para que crean que tú me has enviado.* (Juan 11:40–42)

Jesús estaba demostrando su comunicación con su Padre delante de la gente. Él no se llevó el mérito del milagro; Él dio la gloria a su Padre. Estaba dando testimonio a sus amigos para aumentar la fe de ellos.

Jesús les dijo: "*Desatadle, y dejadle ir*" (Lucas 11:44). Pero él no fue a Lázaro de inmediato. No, Jesús esperó dos días después de enterarse de la muerte de Lázaro hasta que fue a él. La hermana de Lázaro, María, reconvino a Jesús por su retraso, diciendo: "*Señor, si hubieses estado aquí, mi hermano no habría muerto*" (Juan 11:32).

Tendemos a ser impacientes; queremos nuestra sanidad, ¡y la queremos ahora! Pero Jesús demostró que Él sana en su tiempo perfecto. Me sorprende cómo ministró sanidad fácilmente y sin fanfarria. Él hizo su parte, orar al Padre, y después participó del testimonio, pidiéndoles que retirasen la piedra y desatasen a Lázaro. Usted puede hacer lo mismo hoy. Jesús vive en sus oraciones, y puede imponer manos sobre los enfermos para liberar el poder sanador de Él y ministrar libertad de la "mortaja" del mundo.

María tenía fe en que Lázaro no habría muerto si Jesús hubiera estado allí, y sabía que resucitaría en la resurrección. Sin embargo, no tuvo la fe para un milagro del "ahora". Del mismo modo, innumerables personas hoy creen que Jesús puede sanar; solo que no creen que Él sane ahora, hoy día. Se aferran a la seguridad de que irán al cielo cuando mueran, pero limitan esta esperanza a su destino eterno, sin imaginarse nunca las bendiciones disponibles para ellos ahora, en esta vida. Quizá usted esté entre ellos. ¡Crea en un milagro hoy!

Milagro nº34: Jesús sanó al ciego Bartimeo. (Marcos 10:46–52; Lucas 18:35–43)

El ciego Bartimeo fue insistente. A pesar de la multitud, estaba decidido a llegar hasta el Hijo de David. Reconoció la autoridad de Jesús y supo exactamente qué hacer. Supo lo que Jesús quería hacer por él. Fue específico.

Cuando Bartimeo se enteró de que Jesús pasaría por su camino, clamó. Rogó misericordia, en una muestra de arrepentimiento. Cuando supo que Jesús le llamaba, *"arrojando su capa, se levantó y vino a Jesús"* (Marcos 10:50). Dios responde siempre que alguno de sus hijos clama pidiendo misericordia. Él responde cuando sus hijos piden una sanidad o un milagro específico. Cuando usted se acerca al trono de Dios con una petición y se la presenta con confianza, Él responde.

Esta historia demuestra un acto de fe de este ciego. Jesús declaró la palabra de sanidad, *"Y luego vio, y le seguía, glorificando a Dios; y todo el pueblo, cuando vio aquello, dio alabanza a Dios"* (Lucas 18:43). Bartimeo no huyó y se escondió. Siguió a Jesús inmediatamente, le dio gloria a Dios y anunció públicamente su milagro a otros. Enseguida otras personas se unieron a Él dando gloria a Dios.

Nunca puede darle a Dios demasiada gloria. Él merece toda la gloria y la alabanza de todos los hombres, durante toda la eternidad.

Milagro nº35: Jesús maldijo la higuera, y se secó de inmediato. (Mateo 21:18–22; Marcos 11:12–14, 20–26)

Cada milagro que Jesús hizo me recuerda que no hay absolutamente nada imposible para Dios, si tan solo creemos. Jesús maldijo la higuera para demostrar no que los milagros *pueden* ocurrir sino que *ocurren* y *ocurrirán*. Esta es una de las cosas más importantes para recordar al recibir una sanidad. Su nombre es sobre todo.

Milagro nº36: Jesús sanó la oreja de un hombre después de que alguien se la hubiera cortado. (Lucas 22:49–51; Juan 18:10)

Cuando la multitud llegó al huerto de Getsemaní para arrestar a Jesús, Pedro sacó una espada, atacó al siervo del sumo sacerdote y le cortó su oreja derecha. Inmediatamente, Jesús "*tocando su oreja, le sanó*" (Lucas 22:51). A pesar de la tensa situación, Jesús mantuvo la calma y fue un testimonio del poder y la gloria de Dios sanando a alguien a quien se le consideraría su enemigo. Esta es una ocasión más para demostrar que para Dios nada es imposible, incluso la restauración de algo que ha sido cortado. Él tiene el mejor "pegamento" de todos los que conozco. Jesús también se interesaba por los que no eran creyentes.

Milagro nº37: Jesús produjo una pesca milagrosa de peces. (Juan 21:1–14)

Se les dijo a los discípulos que adentraran la barca unos metros en el mar para conseguir una gran pesca de peces, lo cual no era una instrucción lógica, sino una instrucción que produjo un milagro. Los discípulos ni siquiera eran conscientes de que las instrucciones las estaba dando Jesús, su amigo, porque le habían visto crucificado, muerto y enterrado. Aún no eran conscientes de que Él había resucitado.

Esta historia apoya nuestra discusión sobre posicionarse para recibir de Dios. Si usted está abierto y es obediente, Él le revelará dónde tiene que estar para recibir lo mejor de Dios.

En realidad, este acontecimiento fue dos milagros en uno. Sí, pescar esa cantidad de peces fue un milagro, pero piense en esto:

Jesús apareció a sus amigos después de su muerte. Jesús luego preparó el desayuno para los hombres con su gran pesca de peces. ¿Se imagina al Rey de reyes cocinando una comida en el fuego en la playa para usted? De hecho, Él ha preparado una fiesta para usted en su Palabra. Puede participar de ello siempre que quiera, en la playa, en la iglesia, en su lugar secreto. Su comida está disponible veinticuatro horas al día, siete días a la semana. Cuando usted pesque peces (personas) en el mundo (mar), llévelos a Jesús (en la playa). Su Palabra (la Biblia) les alimentará.

Mientras esté posicionado espiritualmente para recibir, su fiesta está preparada y lista. Sí, incluso hoy, los milagros de Jesús están disponibles para usted. ¿No me cree? Siga leyendo: creo que cambiará de opinión.

4

LOS MILAGROS DE JESÚS HOY

"El que no escatimó ni a su propio Hijo,
sino que lo entregó por todos nosotros,
¿cómo no nos dará también con él todas las cosas?".
—Romanos 8:32

Uno de los aspectos más importantes de recibir y mantener un milagro es saber que *"Jesús es el mismo ayer, y hoy, y por los siglos"* (Hebreos 13:8). Debe creer que lo que Él hizo ayer, lo hará hoy y lo seguirá haciendo mañana. Revisamos treinta y siete milagros específicos narrados en los Evangelios. Sin embargo, solo el hecho de aceptarlos y creerlos con su mente no es suficiente. Hasta que Dios no le dé una revelación fresca de estos milagros, las palabras siguen siendo solo información, nada más. Una vez que reciba el entendimiento espiritual de Dios, cobrarán vida dentro de usted.

Algunos eruditos cristianos creen y enseñan que los milagros de Jesús fueron acontecimientos aislados y limitados al tiempo del relato bíblico. Sin embargo, esta creencia contradice la verdad de Hebreos 13:8. Creo que sus milagros han estado tan activos cada día desde que hizo el primer milagro: convertir el agua en vino en la boda de Caná. (Véase Juan 2:1–11).

El problema no es que sus milagros hayan cesado sino que nosotros no hemos reconocido sus obras en el mundo. Pero cuando termine este libro, sabrá sin lugar a duda que la poderosa mano de bendición de Dios está actuando a su alrededor, derramando milagro tras milagro.

¿Está Jesús aún ocupado trabajando entre su pueblo? Claro que sí. Los milagros suceden en todas partes. No están reservados para la iglesia o para el liderazgo de la iglesia. Y si Jesús vive en usted, entonces puede orar y ver los mismos resultados, sin importar dónde esté. Ya sea que estemos volando por el país en un reactor, en un submarino por las profundidades del océano o en la jungla más espesa de la tierra, Dios oye nuestras oraciones y derrama bendiciones como respuesta. La gente es sanada de todo tipo de problemas: emocionales, físicos, mentales, económicos, etc., en toda la tierra. Sus bendiciones alcanzarán a sus hijos, dondequiera que estén.

Los enfermos en los países del Tercer Mundo creen que su única esperanza es Jesús y acuden a Él con desesperación, ¡y Él responde sanándoles!

Muchas personas me preguntan por qué parece más fácil para los países del Tercer Mundo recibir la sanidad que para los Estados Unidos. Vemos los mismos milagros y sanidades en nuestros servicios, sin importar en qué parte del mundo estemos ministrando. Sin embargo, es cierto que en el mundo occidental siempre tenemos una solución "alternativa". Tenemos hospitales, programas de seguros médicos, pastillas y otros remedios modernos que no están disponibles en el extranjero. Los enfermos en los países del Tercer Mundo creen que su única esperanza es Jesús y acuden a Él con desesperación, ¡y Él responde sanándoles! Tampoco tienden a ser vergonzosos a la hora de compartir sus milagros con otros.

Nuestra oficina ministerial recibe cientos de testimonios cada mes de milagros por todo el mundo. Incluiremos aquí solo unos pocos, porque vemos cientos cada semana, durante la mayoría de las reuniones, y sería imposible escribirlos todos aquí. Algunos de estos milagros ocurrieron inmediatamente, mientras que otros tardaron más tiempo en manifestarse. Pero todos ellos demuestran una verdad: todo el que busca, halla. Todo el que llama consigue pasar por la "puerta" que da acceso a las bendiciones de Dios. (Véase Mateo 7:7–8; Lucas 11:9). La libertad y la sanidad están disponibles en cada área de la vida, así que usted solo tiene que pedir.

Sanidades físicas

Cuello, columna y espalda

"Gracias a su oración de sanidad, estoy teniendo un gran día porque no tengo dolor en el cuello, donde tenía una rotura de disco. Siempre le estaré agradecido".

—GLB

Un caballero de sesenta años vino para recibir oración en Denver, Colorado. Encorvado en una postura retorcida me explicó: "Tengo un problema con diez vértebras". Mi respuesta fue: "Usted solo necesita una columna vertebral nueva". Él asintió. Al comenzar a orar, vi una columna en mi visión periférica. De repente, se enderezó y adoptó la postura de un joven con una gran sonrisa en su rostro.

Un joven de diecinueve años pasó al frente en una reunión recientemente. Explicó que había recibido una profecía de que jugaría al fútbol en la NFL después de la universidad. Creyó la profecía y había estado trabajando vigorosamente para estar en la mejor condición física posible. Su única preocupación era que necesitaba ser más alto para ser un defensa serio para el fútbol profesional. Yo oré. Creció unos diez centímetros. Cuando estábamos al final de la ministración, su padre se acercó para unirse a su hijo en el altar, y se quedó totalmente sorprendido. Antes de orar, el padre era más alto que el hijo; ahora, el hijo era más alto que su padre.

Una jovencita vino a mí en Irlanda. Tenía el aspecto de una niña de ocho años y hablaba con una vocecita de niña. Pidió oración para poder crecer. Parecía una petición extraña, hasta que me explicó que un problema en el corazón había impedido su crecimiento. En verdad tenía quince años. Oré para que recuperase su crecimiento normal. Entre tres y cinco segundos, de repente era quince centímetros más alta. Su hermana menor saltaba junto a ella, con gritos de alegría. Ella abrió sus ojos y se quedó totalmente perpleja mientras exclamaba: "¡Qué alta soy!". Antes era del tamaño de su hermanita de ocho años, pero ahora miraba hacia abajo a su hermana menor con gozo y emoción.

Caderas

"Tenía programada una cirugía para reemplazar mi cadera en una semana. Pasé cojeando hasta el frente de la iglesia para pedir oración y pude caminar de regreso a mi lugar sin dolor. ¡Cancelé la cirugía!".

—HSGI

Cráneo

"Gracias por orar por mi mamá, que se cayó y se fracturó el cráneo. Tuvo que someterse a una operación a ambos lados de su cabeza para quitarle la presión de la sangre. Ayer, fue un milagro cómo comenzó a hablar. Le quitaron el tubo de alimentación y ahora está comenzando a comer de nuevo".

—PSI

Dientes

"Un miembro de su equipo de oración oró por la dentadura de mi sobrina. Su dentista le preguntó quién le había rellenado la cavidad que habían encontrado antes, y ella dijo: '¡Nadie!'. ¡Dios había sanado sus dientes! ¡Gracias, Jesús!".

—BRND

Ojos y orejas

Había una señora que pastoreaba una misión de indigentes. Un señor de setenta años acudió a ella para ser ministrado. Quería recuperar su vista. Kelley oró; no ocurrió nada. Él volvió a orar; no ocurrió nada. No era ciego del todo, sino que podía ver con desenfoque y borrosamente. La señora no se rindió. Siguió orando. A la tercera, el anciano pudo ver.

Entre las veintitrés personas del equipo de sanidad de JHM en Haití, Dios se movió para dar la vista a tres ciegos y tres sordos. Muchos dijeron que tuvieron bendiciones económicas desde la última visita de JHM. Fue sorprendente ver los cambios milagrosos que Él había hecho desde la última vez que estuvimos en Haití. Los corazones hambrientos absorbieron el mensaje, lo pusieron en práctica con fe y ahora estaban cosechando los beneficios de la prosperidad de Dios.

Pies, tobillos y piernas

"Mientras sigo enfocándome en la Palabra de Dios y declarándola con mi boca, la manifestación de sanidad está aumentando. Fuimos a la tienda anoche. Mi esposo observó que estaba levantando mis pies. No era difícil, como solía ser en el pasado. Antes, aunque intentaba con todas mis fuerzas levantar mi pie derecho, no podía hacerlo. (*"No con ejército, ni con fuerza, sino con mi Espíritu, ha dicho Jehová de los ejércitos"*—Zacarías 4:6). Antes de comenzar a creer en Dios para mi sanidad, desgastaba el zapato de mi pie derecho en tres días. Paseé por el centro comercial esta semana, y no desgasté mi zapado derecho. Mi espalda sigue fortaleciéndose".

—DWN

Un señor de Indiana tenía fracturas en su pie por un incidente previo. Los doctores le dijeron que necesitaba cirugía. Le dieron cita para realizarla, pero no tenía dinero para pagarlo. Acudió a Kelley pidiendo oración. Cesó el dolor, y desapareció la hinchazón.

Una señora se había roto el menisco. Cojeaba hasta el altar para recibir oración. Joan impuso sus manos sobre la rodilla dañada y declaró sanidad a los ligamentos, tendones y huesos de esa zona. Al instante, Dios reemplazó el menisco. El dolor se fue. Su cojera desapareció. Fue sanada.

Un hombre acudió al servicio con un solo problema: había nacido sin uno de los músculos de la pantorrilla en una pierna. La pierna afectada estaba delgada y muy débil. Mientras Joan oraba por la pierna de otra persona, el hombre miró hacia abajo y se dio cuenta de que su pierna dañada ahora era del mismo tamaño que la otra. Flexionó su pierna y se dio cuenta de que había sido sanado. Nadie había impuesto manos sobre él. Tan solo estar en la presencia de Dios había provocado la unción para que la sanidad se produjera en él.

Páncreas

"Muchas personas han sido sanadas mediante el ministerio Joan Hunter Ministries. Mi páncreas fue sanado solo al asistir a su escuela de sanidad, ¡sin que nadie hubiera orado por eso!".

—CSA

Enfermedad

"Hace quince años, usted oró por mi esposo, a quien le habían diagnosticado hepatitis C. Un año después de esa fecha, recibió la noticia de que estaba curado. El doctor incluso movía su cabeza en descrédito y dijo que no tenía respuesta alguna a por qué no estaba el virus, ni vivo ni muerto, en su cuerpo. Había sido un milagro maravilloso, y todavía sigue sin hepatitis C. Gracias por hacer lo que Dios le ha llamado a hacer y por las bendiciones que han sido derramadas a través de su ministerio. Creo que Dios está trabajando activamente en cada una de nuestras vidas hoy, y lo único que tenemos que hacer es pedir y tener la fe de que Él ha respondido la oración de nuestros corazones. Dios bendiga su ministerio y a usted personalmente".

"Querida Joan y todo el increíble equipo de JHM: Estoy escribiendo esto con una gran sonrisa en mi rostro y lágrimas en mis ojos. Después de veintitrés años de enfermedad, mi amiga ha sido sanada de hepatitis C y una cirrosis avanzada en el hígado. Mi esposo y yo habíamos visto a Joan en Sid Roth, habíamos visto todos sus programas de archivo, y después fuimos al servicio de la mañana en octubre de 2012 y a la clase en noviembre de 2012. Un día después de haber asistido a la clase, me quedé después del trabajo y oré por una amiga con la que trabajaba. Llevaba en la lista para un trasplante de hígado durante más de un año y estaba probando su cuarta medicación experimental.

"Cuando oré por ella, le tomé de la mano y le ordené al virus que se fuera y maldije la fuente del trauma y pedí un nuevo hígado. Después, esa misma tarde, Jesús me dio la confirmación de que 'el virus se había ido'. No se lo dije a ella sino que esperé en el Señor. Tardó un rato en manifestarse físicamente. Ella tenía una cita de seguimiento y pruebas de laboratorio con los doctores del trasplante. Regresó para decir estas mismas palabras: 'El virus se ha ido'".

—NCOG

"Leía una oración por mi hijo de once años, a quien le diagnosticaron un sarcoma. La leí todas las noches durante meses mientras recibía la quimioterapia, y oraba a nivel molecular por las 125 trillones de células. Les ordené que se alinearan químicamente con el ARN y ADN perfecto que Dios creó. Hacía la oración fielmente por mi hijo, junto a otros versículos de sanidad. Después de una cirugía de doce horas para extirpar el tumor, los doctores dijeron que estaba muerto al 90 venta por ciento, y que el 10 por ciento restante no era sarcoma. ¡Un informe dijo que era benigno! Dijeron que raramente dicen esto, ¡pero Mateo está curado!".

—SCP

"Mi hija de seis años había estado enferma el fin de semana, y como mi esposa y yo ministramos juntos, uno de los dos se tenía que quedar en casa. Iba a ser yo el que se quedaba en casa, pero mientras me preparé para ir a la iglesia, como de costumbre. Mi hija tenía fiebre y congestión de pecho. Planeamos ver el servicio en línea, por Skype. Mi hija se sentó en mi regazo mientras comenzábamos a ver la reunión. Comenzaron la alabanza con una canción acerca del Dios de los ejércitos de ángeles.

Cuando habían transcurrido unos cinco minutos, mi hija saltó de mi regazo y comenzó a correr en círculos, gritando: '¡Papi, un ángel me ha tocado, y estoy curada! ¡Es mi primer milagro!'.

"Fuimos a la iglesia, y todavía estaba la alabanza. Llegamos a dar un testimonio de sanidad y bendecir al Señor.

"La semana siguiente, mi esposa tenía dolor de garganta; lo describió como si tuviera cuchillas en la garganta. Oramos con fe, y se despertó completamente sanada. Gloria".

"Gracias a Jesucristo, primeramente, y después a usted por haber orado por la señora que tenía SIDA y tuberculosis. El día que le envié la petición de oración, la señora se estaba muriendo, tosiendo mucho y manifestando problemas respiratorios crónicos, y no podía caminar. Le llevaron a nuestra clase de enseñanza bíblica.

"Después de sus oraciones, ese mismo día la tos y los problemas respiratorios cesaron. Tres días después, fue a realizarse un nuevo chequeo médico y descubrieron que estaba totalmente curada. Me llamó desde el hospital para decir que fue a realizarse una prueba médica cuando se dio cuenta de que había recobrado la fuerza. Después de la prueba, los doctores dijeron que no había rastro de SIDA ni tuberculosis en ningún lugar de su cuerpo.

"Siguió diciendo que los doctores que revisaron inicialmente su sangre dos veces para el SIDA y la tuberculosis estaban sorprendidos esta vez de que no hubiera síntomas de la enfermedad. Me pidió que le dijera gracias por orar por ella. Su estilo de vida de prostitución ha cambiado por completo, y quiere dedicar el resto de su vida a servir al Señor, a vivir para Cristo y a morir para Cristo.

"Asistió a una entrevista de trabajo, y el director dijo que necesitaban los informes médicos, por eso fue rápidamente a por la prueba médica. Felizmente, fue curada y ahora también puede conseguir un trabajo. Con Dios, nada será imposible. La noticia de la sanidad ahora está animando a otras personas enfermas a venir a nuestras reuniones y las clases de la Biblia para recibir oración".

—Pastor LS, África

Fertilidad y problemas de mujeres

"En abril de 2010 estábamos orando por un bebé. En una conferencia de Joan Hunter en Denver, ella se puso de acuerdo con nosotros en oración y profetizó que tendríamos un niño en el plazo de un año. También nos regaló un par de botitas de bebé. En mayo de 2010, alguien de la iglesia AMC oró por nosotros. Recibimos una palabra de conocimiento de que 'el Hijo de Dios quiere bendecirles con un hijo'. En junio de 2010 nos quedamos embarazados, y en marzo de 2011 nuestro precioso hijo NJJ nació. En febrero de 2012, Joan Hunter fue de nuevo a Denver, y pudimos presentarle al bebé que nos había profetizado. ¡Gloria a Dios!".

—REJC

"Tuve tres abortos antes de que llegara [Joan], y ella oró por mí para que pudiera quedarme embarazada ese año, y diez días después... ¡me dijeron que estaba embarazada! Es un milagro maravilloso de Dios y una bendición para nuestra vida, y nos encanta compartir lo que Él hizo por nosotros. ¡Bendiciones!".

Joan asistió a un parto de un bebé. Normalmente, el sangrado de la mamá cesa y se detiene una vez que pasa la placenta. Pero esta vez, la mujer comenzó a tener una hemorragia. Joan buscó rápidamente su Biblia y leyó un versículo de sanidad tras otro mientras la partera pensaba en llamar al 9-1-1. Joan oró. La sangre se detuvo. En vez de llevarla rápidamente al hospital, la nueva mamá se quedó en casa para disfrutar de su nuevo bebé.

"Esta no es una historia acerca de una oración contestada, o querer un bebé, sino más bien acerca de cómo Dios cumple las promesas que nos hace.

"En agosto de 2010, mi esposo y yo fuimos a una boda a BC. Una tarde, mientras llevábamos a nuestros hijos a la piscina del hotel, tuve una visión donde estaba yo llevando a una bebé que se parecía a mi hija. Le dije a mi esposo que estaba embarazada. Él realmente no me creyó, así que lo deseché. Unas semanas después, confirmaron mi embarazo. Desgraciadamente, a las ocho semanas perdí al bebé. Estaba bastante triste, pero sentimos que habíamos recibido una promesa de Dios. Decidimos volver a intentarlo. Tristemente, entre ese octubre y 2011 perdimos otros dos bebés, tres en total.

"Después del último me deprimí, y prácticamente dejamos de intentarlo. Teníamos dos hijos en casa en los que concentrarnos. Avanzamos ahora hasta junio de 2011. Llegó a nuestra iglesia un ministerio llamado Joan Hunter Ministries. Ella tenía un ministerio de sanidad, y asistí a una de las reuniones una tarde. Me levanté por mi problema de oído y de casualidad mencioné lo de mis abortos. Ella oró por mí para que tuviera un bebé en el plazo de un año. En un mes, me quedé embarazada.

"Fue un tiempo que nos asustó mucho. Quería tener fe, pero tuve problemas los primeros tres meses y tuve que tomar medicamentos. Tuve placenta previa después de las veinte semanas y me pusieron unas restricciones muy severas. Aunque siempre supimos que era una niña, y creímos en nuestro corazón que estaría bien, seguíamos teniendo miedo. Nuestra tendencia humana a desconfiar de Dios aún estaba ahí, a pesar de su promesa.

"El 5 de febrero, con cinco semanas de adelanto y por una cesárea de urgencia, nació nuestra maravillosa niña, luchando y saludable. Le pusieron oxígeno durante las primeras veinticuatro horas, y luego tuvo ictericia, pero era una luchadora. Incluso el doctor le llamó tigresa cuando intentaba tomarla para ponerla con nosotros, ya que ella luchaba mientras la sacaban y luego de nuevo cuanto intentaron ponerle el oxígeno.

"Dios es asombroso. Ella se parece a la niña de mi visión, y cumplirá seis meses en agosto. Dios cumple sus promesas.

"Si Él le ha hecho una promesa, aférrese a ella. Crea que Él es fiel y justo y que hará lo que ha prometido. Ni siquiera estábamos buscando otro miembro de nuestra familia, pero Dios vio apropiado hacernos una promesa, porque Él tenía un propósito que cumplir en su vida y en la nuestra, para su gloria".

Varios problemas

"Joan, le vi en el programa de Sid Roth *¡It's Supernatural!* Acababa de cambiar de canal, y usted estaba hablando de la sanidad. Antes incluso de darme cuenta, usted hizo una oración de sanidad por la gente con esquizofrenia y depresión. Puse mi mano en el corazón y pude sentir esas aflicciones saliendo de mi cuerpo. Había sufrido esquizofrenia y depresión durante cuarenta y seis años. Ahora llevo cuatro semanas sin medicamentos... ¡Muchas gracias por su don de sanidad!".

"Asistí a una reunión en Duluth, Minnesota, el año pasado. Mi madre y yo pasamos al frente a recibir oración. El equipo oró por el trauma en mi cadera y las verrugas de mis manos. Desde entonces, he dejado de tener problemas de cadera. ¡Todas las verrugas han desaparecido! ¡Ni siquiera tengo marcas de donde solían estar! Me encanta mirarme ahora las manos; antes, no aguantaba verlo. ¡Gracias, Jesús!".

—DNA

Un hombre en Guatemala estaba muy emocionado por su sanidad. Pasó al frente buscando y recibió. Después de orar, se gozó por sus dos nuevas rodillas. Cuando hice un llamado para los hombres que tuvieran cáncer de próstata, el hombre regresó al altar en representación de su padre, que estaba postrado en cama por esa enfermedad. Cuando regresó a casa para compartir esta increíble experiencia con su familia, vio que su padre se había levantado de la cama y estaba mejor. Su padre le dijo que a esa misma hora en la que oramos en la reunión, comenzó a recobrar la fuerza. Su madre necesitaba un corazón nuevo, y lo recibió. ¡Milagros para todos! El hombre regresó a su doctor y recibió la verificación. Sus nuevas rodillas funcionaban muy bien.

"Me choqué con un gran cactus en mi jardín. Mis dedos se llenaron de puntas de acículas imposibles de quitar. Era doloroso y me ardía cada vez que un dedo tocaba a otro. Durante el servicio, usted habló de algo tan pequeño como un dedo, y se despertó en mi corazón la idea de cuánto se interesa Jesús incluso por las cosas pequeñas de nuestra vida, cosas como dedos llenos de púas de cactus. En ese instante, las púas y el dolor de mis dedos desaparecieron.

"En el año 2000 sufrí una insuficiencia cardíaca congestiva y viví con angina y otros síntomas de ese problema durante nueve años. En noviembre de 2009, Jesús sanó mi corazón de lo que dos doctores y un especialista de corazón habían dicho que era una enfermedad 'incurable'. Jesús no solo sanó mi corazón; Él sanó todo mi cuerpo, desde la coronilla de mi cabeza hasta la planta de mis pies. Ya no más artritis, dolores de cabeza, alergias ni dolor de ningún tipo.

Desde entonces he aprendido por la Palabra a luchar las batallas espirituales cuando el enemigo intenta abatirme con enfermedad o dolencia. Gracias a Dios, nos dieron el poder y la autoridad de usar su nombre, y el que mediante su preciosa sangre seamos sanados".

—CRC

"Jesús me dio unos pulmones nuevos en la reunión de Joan en Garland, Texas. Cuando Joan oró por alguien con insomnio, yo me uní, porque había estado teniendo problemas al dormir. De repente, sentí que mi pecho fallaba, sentí un zumbido desde arriba, y mi pecho comenzó a llenarse de aire. ¡Pude respirar hondo! Había tenido problemas respiratorios y no se lo había dicho a nadie, ¡solo a Jesús!

"En la misma reunión, una pierna de mi esposo creció. ¡Yo la vi crecer! Fuimos a ver a nuestra familia el día de Acción de Gracias y vimos muchos milagros de sanidad, incluyendo un gato que se estaba muriendo. No podía retener la comida. El veterinario no sabía qué era y desistió. Después de orar por el animal, se levantó, comió y retuvo la comida, y ahora está totalmente bien y engordando.

"Otras sanidades fueron la de mi cuñada y mi suegra. Fueron sanadas de intolerancia al trigo, una rodilla fue sanada, y también un manguito rotador fue sanado. Yo fui sanada al instante de hemorroides y de intolerancia al trigo, escoliosis, pérdida de altura, lesión en el cuello y una rodilla. Unos diez días después, un ángel llegó por la noche y rotó una de mis vértebras para colocarla en su posición correcta. ¡Qué alivio tan tremendo sentí después de veinte años de dolor! El verano pasado vimos a Frances Hunter en los programas de archivo de Sid Roth. Mis hombros inmovilizados fueron completamente sanados. Ahora, cada mañana en cuanto me levanto, alzo mis brazos hasta que mis hombros tocan mis orejas, ¡y alabo a Dios!".

—NNC

"Tenía dos nódulos grandes y duros en la zona de mi ingle, uno del tamaño de un guisante y el otro con la forma de una nuez de Brasil, justo donde están mis ganglios linfáticos. Llevaban ahí más de un año. Era muy incómodo, y a veces se me hacía difícil caminar y dormir. Sangraban y supuraban periódicamente.

"A pesar de lo mucho que reclamé y pedí mi sanidad, algo que me había funcionado para muchas otras dolencias en el pasado, como dolores de cabeza, dolores de dientes, resfriados, fiebres, etc., esos nódulos seguían creciendo cada vez más. No se lo dije a nadie, pero seguí confiando en Dios para que mi cuerpo se alineara con su Palabra.

"Mi hijo de dos años también tenía dos grandes sarpullidos en la parte posterior de los brazos; la causa era desconocida. Las erupciones seguían extendiéndose y causándole malestar también. Estaba muy molesta de no saber por qué estas anomalías no desaparecían de nuestro cuerpo. Le pregunté al Señor: '¿Qué estoy haciendo mal, Padre? Tu Palabra siempre es veraz e infalible. Así que el problema lo debo de tener yo. Espíritu Santo, por favor muéstrame lo que estoy haciendo mal'.

"Hace un par de semanas estaba viendo TBN, y salió Marilyn Hickey. Había ministrado en mi iglesia unas cuantas veces, y crecí escuchando lo ungida que estaba. Sin embargo, realmente nunca la había visto en televisión ni había seguido su ministerio. Esa mañana en concreto, sentí que necesitaba verlo, y la invitada era una señora llamada Joan Hunter. Nunca había oído hablar de ella. Sin embargo, cuando comenzó a hablar, una dulce presencia llenó mi habitación. Mientras comenzaba a hablar acerca de sanidad y su nuevo libro, supe que era el momento de Dios.

"En el pasado, de algún modo había sido cínica cuando se trataba de los ministerios de sanidad. Soy hija de predicador, y aunque estuve rodeada de grandes hombres y mujeres de Dios, también vi y oí algunas cosas extrañas y sensacionalistas. También había visto a algunas personas, incluyendo miembros de mi familia, en esclavitud y enfermos durante décadas. He visto a muchas personas 'caer' al suelo y levantarse tan mal como estaban antes de caerse, si no peor. Tango muchas ganas de ver la sanidad creativa y el poder libertador de Dios en las vidas de las personas. Me entristece profundamente ver a personas heridas, lisiadas, paralíticas, moribundas, con enfermedades terminales, poseídas, oprimidas y atadas. Me hace enojarme apasionadamente, y me duele en el corazón profundamente.

"Mi hijo murió en 2006 de un grave y extraño linfoma a los dos años de edad, y mi madre murió de cáncer de mama en 2003. Tengo dos tías que sufren graves enfermedades mentales, y dos tías y un primo que murieron de varias formas raras de cáncer. Todas estas personas eran creyentes de una familia ministerial. ¡Eso no está bien! Me enoja saber que Jesús murió y llevó nuestras enfermedades y dolencias sobre sí pero nosotros, como un todo, seguimos siendo un pueblo quebrantado y derrotado. Anhelo ver personas liberadas y libres. ¿Dónde están las personas a las que Dios ha llamado a caminar desinteresada y exitosamente en este don y comisión? ¿Quién enseñará a los ministros como yo a caminar en esta tarea?

"Joan Hunter comenzó a hablar de sus padres, de su herencia espiritual, de la manera apropiada de orar por las enfermedades y conseguir resultados, y el libro que había escrito sobre este tema. Bueno, no tenía dinero para el libro, pero sintonicé y presté atención a cada palabra que salió de su boca. Estaba buscando la respuesta a mi súplica: 'Espíritu Santo, por favor muéstrame ahora lo que estoy haciendo mal', ¡y esa fue la respuesta! Necesitaba hablar a la raíz del problema y maldecirlo, luego ordenarle a mi cuerpo que fuera sanado, según la Palabra de Dios. Era muy sencillo.

"El enemigo me dijo: 'Tienes que esperar hasta que consigas el libro. Puede que sigas haciéndolo mal. No puede ser así de sencillo. Los miembros de tu familia lo hubieran sabido'.

"Yo dije: '¡Cállate, diablo! Fue así de fácil para Jesús, así que es así de simple para mí. ¡Aléjate de mí!'.

"Impuse manos sobre mí misma, até al espíritu de temor, y ordené a la enfermedad que se fuera de mi cuerpo. Maldije la infección que estaba provocando la hinchazón en mi ingle. Maldije la pus, la bacteria mala, y todo lo que me vino al corazón. (No había ido al doctor, así que no tenía 'diagnóstico', pero confié en que el Espíritu Santo me enseñaría todas las cosas, según Juan 14:26). Después tomé a mi hijo, impuse mis manos sobre sus erupciones y oré lo mismo. Alabé a Dios durante el resto del día, sabiendo que lo había hecho.

"A la mañana siguiente, tanto mis nódulos en la ingle como las erupciones de los brazos de mi hijo estaban sanados, ¡se habían ido por completo! ¡Gloria a Dios!".

—JBK

"Fui de vacaciones a Florida, con la intención de ir a las reuniones de Joan con mi familia. Ellos no estaban emocionados con el hecho de ir porque era un viaje por carretera de seis horas. Yo estaba decepcionado porque ellos necesitaban sanidad. Entonces se me ocurrió que yo había sido ordenado bajo el ministerio de JHM y había sido entrenado para orar por los enfermos. Oré por todos mis familiares, y todos fueron sanados. ¡Qué vacaciones tan emocionantes!".

"Mi hija fue conmigo al servicio de milagros y sanidades en God's Girlz en Conroe. Ella fue sanada de unos bultos duros entre su cuello y sus hombros. La noche siguiente en el trabajo, una joven se torció un tobillo. Oramos, y ella fue sanada y trabajó durante el resto de la noche".

Sanidades emocionales

"Este fin de semana, tuve el privilegio y la oportunidad de asistir a una conferencia de impartición y activación de tres días como visitante en vez de participante registrada. Cuando Joan repasaba el manual de sanidad, me di cuenta en cierto momento de que ya no tenía sentimientos amargos hacia mi esposo, *ninguno*. Todos los sentimientos de ira y resentimiento se habían ido. Cuando me di cuenta de que ni tan siquiera podía recordar heridas pasadas, comencé a llorar. Durante la mayor parte de la sesión seguí llorando, porque no me daba cuenta de lo atada que había estado con la falta de perdón. Por cierto, si TODAS las cajas de pañuelos de papel del lado izquierdo de la iglesia estaban vacías, ¡fue culpa mía!

"Él y yo habíamos estado casados durante casi treinta y siete años. Al sentarme e intentar recordar las heridas, ¡no podía! Es como si esa parte de mi memoria hubiera sido borrada.

"El amor nuevo y renovado que tengo ahora por mi esposo es increíble. Antes, me costaba mucho pronunciar palabras de ánimo o decir cosas positivas de él. ¿Sabe que es un genio? Es un hombre con unos dones increíbles, y pensar que no podía ver eso durante años y años y años (¿ya dije años?). Es un esposo atractivo, fuerte, dotado y maravilloso.

"Mientras seguía pensando en ello, tuve otra epifanía...: Hay muchas personas atadas por la falta de perdón y el dolor. Hay muchas personas caminando por ahí con asuntos sin resolver en el corazón. ¡Pero ahora tengo las herramientas que puedo estudiar para que otros puedan ser libres!".

"Mientras estaba escuchando su CD acerca de borrar el dolor de su pasado, usted compartía una historia de una mujer que fue sanada de fibromialgia; sentí que el Señor me hablaba interiormente para recibir la sanidad. Realmente ni siquiera sabía que ese era mi problema... Pero dije: 'Lo recibo'.

"Dejé todo lo que estaba haciendo, me metí en mi habitación y, durante cuarenta y cinco minutos, sentí una sensación de frescor subiendo por mi espina dorsal y cruzando mis hombros. Usted dijo en el CD que los ángeles de sanidad estaban ministrando, y supe que así era. Cuando sentí del Señor la libertad para salir de mi habitación, fui a preparar la cena, y durante toda la tarde tuve esa sensación de frescor en mi espalda y mis hombros. Cuando me fui a dormir, la sensación de frescor aún estaba ahí.

"Mi hijo me dijo, mientras nos gozábamos por la sanidad: 'No eres la misma persona'. Tenía que compartir con usted esta gloriosa noticia. Mi esposo y yo pastoreamos una iglesia aquí, y por primera vez en años, tengo energía más que de sobra para hacer todo lo que Dios me ha llamado a hacer. Gracias. Les amo, y muchas bendiciones para usted y su equipo".

"Envié una petición de oración por un amigo y su familia. Él se había reconciliado con sus suegros, y Dios proveyó un trabajo. Este nuevo creyente tuvo una gran prueba, pero Dios le sostuvo. Su fe aumentó y Dios proveyó un gran trabajo para él. El esposo de una amiga estaba en prisión. Fue liberado libre de cargos. En ese tiempo, ella descubrió que estaba esperando un bebé y tenía síntomas de complicaciones. Después de orar, dio a luz a un bebé precioso y saludable. Ahora todos están experimentando la paz de Jesús".

"Una joven llegó para ser ministrada en Irlanda. Había vivido con varios graves abusos verbales, mentales y sexuales de adolescente. Su padre frecuentemente la tomaba como blanco para su abuso físico. Todo el dinero que ella ganaba sus padres se lo confiscaban. Después de ser ministrada, ella sabía que tenía que permitir que Dios la sanara.

"A menudo perdía el sueño por las aterradoras pesadillas que le recordaban esos momentos traumáticos. Ella se culpaba, así como su familia la culpaba, por todas las cosas negativas que le ocurrieron en su infancia. Estaba cansada y débil, y comenzó a tener migrañas. Cada vez estaba más decidida a ser libre de ello. ¡No iba a permitir que el diablo se llevara la victoria!

"Acudió a una de las reuniones de JHM en Irlanda. Llevó consigo su lista de puntos de oración cuando pasó al frente: (1) que se acabe mi tormento en el sueño, (2) restauración en mi familia, (3) dejar de sentir falta de valía, y (4) dejar de caminar en temor.

"Este es el informe que ella dio después:

> Cuando usted oró por mí, me dijo todo lo que me había ocurrido. Supe que algo había ocurrido. La presión se había levantado, y ya no sentía ese peso sobre mí. No tenía miedo a irme a dormir. Dejé de tener pesadillas, ¡y el tormento había cesado! Dejé de tener dolores de cabeza, y duermo toda la noche de un tirón. Me despierto renovada y lista para cada día. ¡Mi cuerpo es más fuerte que nunca! Verdaderamente puedo mirar atrás y decir: "¡Caramba! ¡Dios, verdaderamente me has sorprendido con tu bondad este año! Soy ¡LIBRE!".

"Su relación con su hermana ha sido restaurada. Se reunió con su padre y no sintió temor. Dios estaba con ella, y pudo decirle que le perdonaba. ¡Sabe que ha sido totalmente liberada! '¡Estoy a salvo!', dice. 'Sé que Dios sigue trabajando entre bambalinas para restaurar el resto de mi familia y a mi papá'".

—RTP

Provisión milagrosa

"Hace poco pedí el libro *Provisión Sobrenatural* de Joan Hunter y lo recibí en el correo. Ahora voy por el capítulo 8. Aún no he terminado el libro y ya está Dios haciendo cosas maravillosas en mí y en mi esposo.

"A principios de este mes, queríamos otro automóvil. Nuestro Ford Explorer de 2003 había estado teniendo problemas de transmisión, y queríamos uno con más autonomía de combustible. Encontramos un automóvil con los detalles que queríamos por aquí cerca. Mi esposo no estaba muy contento con los problemas cosméticos del auto, así que lo dejamos pasar. Imprimí y publiqué una foto de lo que queríamos y la puse en nuestro refrigerador. Seguí ciertas pautas que Joan mencionó en el libro y oré por ello. Le llevamos a nuestro Padre nuestra petición.

"De repente encontramos otro Acura TL azul de 2008 con el interior negro, ¡pero este era incluso mejor! El auto estaba en Indiana, y nosotros vivimos en Carolina del Norte. Le pedí a Dios que nos abriera una puerta para poder comprarlo. Mi esposo fue al banco a pedir un préstamo, y conseguimos un billete para Indiana en el último instante. A las diez de la mañana del día siguiente, estábamos de camino en nuestro nuevo automóvil para emprender el viaje de diez horas de vuelta a casa en medio de una tormenta de nieve.

"Este auto tenía una autonomía de combustible muy grande, azul con la tapicería de piel negra, justo como lo queríamos. En un periodo de treinta horas, Dios nos había abierto una puerta. Nuestras oraciones fueron contestadas. Doy gracias a Dios por su *Provisión Sobrenatural*".

—BX

"El pasado jueves, durante una reunión de oración, una mujer nos dijo que había gastado sus últimos ahorros en llenar su tanque de gasolina, y tenía más facturas que pagar. Estábamos declarando la provisión de Dios sobre ella. Mientras otros oraban, vi una mano con un gran montón de monedas. Parecía que algunas de las monedas de arriba estaban desapareciendo. Le dije a la mujer lo que vi, y ordené a los demonios que dejaran de robar lo que Dios le había dado y que devolviese lo que había robado. Supe que cuando esta mujer regresó a su automóvil esa misma noche, encontró un fajo de billetes por unos 90 dólares. Estaba muy emocionada.

"Tras sembrar su semilla en la reunión de Florida, recibió un cheque inesperado por correo. Tras sembrar su semilla y creer durante todo el fin de semana en otra reunión, descubrió que su oferta fue aceptada, y pudo comenzar a comprar la casa contigua (su tercera casa). Lo está convirtiendo en su empresa de masajes con una habitación de sanidad dedicada a la oración, alabanza y adoración. Consiguió la cantidad de dinero de su primera casa y pudo pagarla del todo, dos años antes de lo previsto".

—MVNJ

"El fin de semana pasado, estaba en la reunión en la iglesia Ocean Gate Baptist Church en Hawthorne, California, para asistir a dos de sus servicios. Usted oró por mí el viernes por la noche. Soy líder de alabanza. Usted oró por mí para que consiguiera un trabajo, ya que he estado sin empleo durante tres años, y para que consiguiese nuevas canciones.

"Usted me animó a ponerme mi ropa de trabajo y a prepararme para trabajar el lunes. Aunque aún no tengo un trabajo regular, recibí una llamada la tarde del sábado de un amigo, preguntándome si podía dirigir la alabanza para un grupo de su iglesia esa noche. Me pagaron por ello. Creo que este es el comienzo de un proceso en el que Dios me abrirá puertas y me dará pronto un trabajo. También, cuando llegué a casa de las reuniones, el Señor me dio una canción de alabanza totalmente nueva. La recibí en cinco o diez minutos: la letra, la melodía, todo".

—JFF

Multiplicación económica sobrenatural

"Di mi apoyo mensual como socio el 11 de junio de 111 dólares. En pocas horas, alguien me dio 1.111 dólares. Gracias, Jesús".

—ABH

"Me ordenaron en octubre en JHM. Di la ofrenda, confiando en que Dios me daría un aumento en mi trabajo. Fui a trabajar al lunes siguiente, y me dieron un aumento de 6.000 dólares al año y un extra. Después asistí a otra reunión de JHM en julio y di lo que Dios me dijo que diera. Al día siguiente en el trabajo, me dieron un segundo aumento de más de mil dólares al mes. Los dos aumentos equivalen a más de 18.000 dólares al año, sin contar el extra. Él me está dando más finanzas para poder dar más".

—ABI

"Fui a una reunión en Nova Scotia y di todo lo que tenía en la ofrenda. Era menos de 2 dólares. Fui a casa después del servicio y saqué mi Biblia. ¡Encontré 200 dólares en mi Biblia!".

"Cuando Joan vino a Minnesota, di todo lo que tenía en la ofrenda. (Soy estudiante sin ingresos). Di 3 dólares, creyendo que Dios me daría un auto. Estábamos a dos horas de distancia del concesionario más cercano de automóviles. A los dos días, me regalaron un automóvil. ¡Gracias, Jesús! Lo único que necesitaba era dinero para el seguro del auto. Al día siguiente, alguien me dio un regalo de 1.153 dólares, así que pude pagar el seguro y la gasolina. ¡Dios es bueno!".

Seguridad sobrenatural

"El Señor rescató a nuestra hija de una relación destructiva con el tipo equivocado. Le llamé el año pasado, pidiéndole oración. El hombre era manipulador y mentiroso, y no amaba a Dios. Mediante un milagro que solo Dios podía orquestar, Él rescató a mi hija y la llevó de vuelta a sí mismo. Además, le dio un esposo maravilloso y bueno, y se casaron el sábado pasado. Los que vieron esto sin duda presenciaron un milagro. ¡Gracias, Jesús! ¡Gracias también por sus oraciones!".

—CND

Si yo puedo, usted también

Escuché sin quererlo una discusión entre unos cuantos empleados de Joan Hunter Ministries en la que alguien comenzó una frase: "Todos sabemos que no caminamos en...". Yo interrumpí y terminé la frase: "... la misma unción y poder que yo". Inmediatamente corregí esta falsa idea, explicando: "Primero, usted es creyente. Dios ha dado a todos los creyentes la unción y el poder para sanar a los enfermos. Segundo, usted está bajo la cobertura de este ministerio. Eso significa que camina y ora con la misma unción y poder con la que yo camino, ya sea en el trabajo o en casa".

A los pocos días, la verdad de ese hecho quedó claramente demostrada. Una señora llamó a la oficina para orar. Estaba muy decidida a hablar conmigo y solo conmigo. Estaba convencida de que solo mis oraciones podrían ayudar en su situación. La persona voluntaria en el teléfono finalmente le convenció para aceptar que otra persona que no era yo orase por ella. Después la voluntaria explicó: "Comencé a orar por una espalda nueva. Pude ver la columna vertebral entrando en mi oficina a través del teléfono. De repente, la señora al otro lado del teléfono gritó: '¡Tengo una columna nueva! ¡Tengo una columna nueva!'".

Las líneas telefónicas solo las supervisan personas cualificadas en JHM. Ellas han recibido una enseñanza mía, han ministrado conmigo y están bajo una mentoría regular. Cada empleado en JHM termina una serie de clases de ordenación e impartición poco después de ser contratado. Todos caminamos en un espíritu de unidad total, multiplicando así la unción y el poder en el trabajo cuando ministramos a otros.

Los principios que enseñamos en JHM no son distintos de los pasos que Jesús enseñó en la Biblia. ¡Esto significa que usted también es apto para ministrar sanidad a otros! Sí, Jesús se está moviendo en su iglesia: ¡usted! Dios quiere usar a sus hijos: ¡usted! ¿Está preparado? ¿Está listo? ¿Está dispuesto? Mientras avanzamos, exploraremos los requisitos bíblicos para recibir y ministrar los dones de Dios, incluyendo sanidades milagrosas.

PARTE II:

CONDICIONES PARA RECIBIR

5

PRESENTE SUS PETICIONES

"Pedid, y se os dará; buscad, y hallaréis; llamad,
y se os abrirá. Porque todo aquel que pide, recibe;
y el que busca, halla; y al que llama, se le abrirá".
—Mateo 7:7–8

Cuáles son algunas de las razones por las que alguien podría darle algo? Quizá le hizo un favor a alguien. Quizá hizo un contrato, donde usted realizó un trabajo a cambio de dinero o un artículo que necesitaba. Quizá la vecina anciana de enfrente tiene un gran huerto que no puede atender y usted se ofrece a cuidar del huerto a cambio de parte de los productos. Al hacerlo, se ha ganado el derecho a recibir.

Sea cual sea su profesión o línea de negocio, el principio es el mismo. Mediante un contrato o acuerdo, se hace un trabajo a cambio de dinero, prestigio, avance o algún otro bien. Todo el mundo tiene una meta. Para algunos, su meta es un peldaño para avanzar y llegar al éxito. Para otros, la meta puede ser algo tan sencillo como ganar dinero suficiente para alimentar a sus hijos esta semana. El intercambio de bienes, servicios y dinero es un ciclo continuo a una escala global.

En una familia y entre amigos cercanos, se intercambian regalos en ocasiones especiales, como cumpleaños y aniversarios. Usted es apto para un regalo, o "demuestra" su mérito para recibir solo por estar "en la familia". En general, no creo que usted esperase recibir nada agradable de alguien a quien haya tratado con cualquier cosa que no sea buena voluntad y amor, pero ser de la familia marca la diferencia: cubre multitud de pecados.

Lo mismo ocurre en la familia de Dios, cuya Cabeza es el Todopoderoso. Cuando usted hace la oración de salvación, es adoptado, o injertado, en la familia de Dios, quien "*decidió de antemano adoptarnos como miembros de su familia al acercarnos a sí mismo por medio de Jesucristo. Eso es precisamente lo que él quería hacer, y le dio gran gusto hacerlo*" (Efesios 1:5, NTV).

Ahora Dios es su Padre celestial, y Jesús es su hermano. Como parte de la familia, usted es apto para recibir su herencia. Puede reclamar las promesas que Dios le hizo a Abraham. Su Padre posee los millares de animales en los collados (véase Salmos 50:10), y ciertamente Él puede suplir todas sus necesidades. Por lo tanto, puede hacerse eco de la proclamación de Pablo en Filipenses 4:19: "*Mi Dios, pues, suplirá todo lo que os falta conforme a sus riquezas en gloria en Cristo Jesús*".

Suyo para que lo pida

Si Dios dio a su Hijo unigénito para su salvación, usted no debería tener duda de que Él suplirá todo lo que necesite hoy. La muerte de Jesús tuvo un gran propósito. Dios le dio una gran victoria para proveer salvación y redención para usted, y se deduce que Él desea que usted prospere y disfrute de buena salud, para que pueda cumplir su llamado en su vida.

Sin embargo, como ocurre con los padres terrenales, su Padre celestial quizá sea reticente a bendecirle si usted no tiene una buena actitud. Cuando vive de una manear que atrae el favor de Dios, y aprende a recibir de Él, su vida da un giro total.

Hablaremos de las condiciones para recibir y mantener los milagros de Dios, así como de los hábitos y las actitudes del corazón a evitar porque bloquean sus bendiciones. Primero, vamos a tratar el primer paso para recibir, que es pedir. ¡Es lógico pensar que no deberíamos esperar recibir aquello que no hemos pedido!

Responda al llamado a orar

Si los milagros no se están produciendo en su iglesia o en su círculo inmediato, alguien no está respondiendo al llamado a orar y esperar grandes cosas de Dios. Dios responde la oración; y si no hay oraciones subiendo, Dios no está obligado a enviar bendición alguna hacia abajo. Quizá muchos estén recibiendo bendiciones de Él, pero no están hablando con Él en absoluto. Dios tiene que recibir la gloria de sus hijos. Anímense unos a otros a compartir lo que Dios está haciendo. Edifíquense para hacer más.

Dios tiene que recibir la gloria de sus hijos. Anímense unos a otros a compartir lo que Dios está haciendo. Edifíquense para hacer más.

Algunos no oran por los enfermos porque su "fe" descansa solo en los doctores; solo cuando los doctores se han rendido con alguien, acuden entonces a Dios y buscan una iglesia donde las personas impongan manos sobre los enfermos y se recuperen. Ahora bien, no estoy en contra de consultar a un doctor cuando siento que es necesario, porque a veces Dios sana a sus hijos mediante el tratamiento de médicos profesionales. Pero Dios no conoce el fracaso. Él le da direcciones a seguir. Su responsabilidad es obedecer y orar. ¡Dios tiene que cumplir sus promesas y terminar el milagro de sanidad!

Pedir eficazmente

> *Pedid, y se os dará; buscad, y hallaréis; llamad, y se os abrirá. Porque todo aquel que pide, recibe; y el que busca, halla; y al que llama, se le abrirá. ¿Qué hombre hay de vosotros, que si su hijo le pide pan, le dará una piedra? ¿O si le pide un pescado, le dará una serpiente? Pues si vosotros, siendo malos, sabéis dar buenas dádivas a vuestros hijos, ¿cuánto más vuestro Padre que está en los cielos dará buenas cosas a los que le pidan? Así que, todas las cosas que queráis que los hombres hagan con vosotros, así también haced vosotros con ellos; porque esto es la ley y los profetas.* (Mateo 7:7–12)

Tal y como Jesús dijo: *"Pedid... buscad... llamad, y se os abrirá"*. Los padres terrenales hacen todo lo que pueden para ayudar a sus hijos a tener éxito. ¿No cree que Dios es igual? Con su ayuda, el hombre ha hecho grandes progresos para desarrollarse hasta llegar a lo que somos hoy. Él está listo para ayudar, si tan solo se lo pide.

Muchas personas ponen la excusa de que no saben cómo pedir. Como Dios dice en Oseas 4:6: *"Mi pueblo fue destruido, porque le faltó conocimiento"*. En la sociedad tecnológica de hoy, la falta de educación es una mala excusa. La gente de todo el mundo escucha y ve por la Internet enseñanzas y conferencias disponibles en numerosos idiomas. El conocimiento está disponible en todo momento. Muchas enseñanzas ministeriales están disponibles en video o en la Internet.

Muchos otros ministerios grandes y ungidos están también disponibles. Pregunte a Dios a quién tiene que escuchar y de quién tiene que aprender. Sintonice y aprenda.

Como hijo del Rey, está caminando en su autoridad. Usted ha recibido el privilegio de usar el nombre de Jesús, lo cual le da derecho a su poder. En este capítulo, cubriré algunas de las cosas básicas de las peticiones adecuadas que reciben respuestas, ya sea oraciones por usted mismo o intercesión por otros.

Converse con Dios

Algunas personas creen erróneamente que cuanto más volumen tenga la oración, más eficaz será. Algunos suponen que llorar y gemir en la intercesión es el enfoque correcto para llegar a oídos de Dios y conseguir que mande sus bendiciones. No lo es. Un hijo de Dios no tiene que suplicar o rogar. ¡Qué raro es pensar que Dios pida este tipo de conducta antes de soltar su amor!

La oración se puede hacer de manera muy eficaz en su cuarto de oración cuando está a solas en su lugar secreto. Y no es necesario gritar. La oración es una conversación de dos sentidos. Cuando usted está haciendo mucho ruido, nunca podrá oír de Dios, porque Él habla con un *"silbido apacible y delicado"* (1 Reyes 19:12).

Sea específico

Las oraciones vagas, genéricas, no siempre producen los resultados deseados porque no son medibles. Si ora por "bendiciones", no sabrá si su oración fue contestada; mientras que si ora por una sanidad que se manifiesta, sabe que Dios respondió a su oración. En mi ministerio, durante los años hemos aprendido que las

Esta es otra razón por la que yo apoyo visitar al doctor: el diagnóstico del doctor puede ayudarle a que sus oraciones sean más eficaces porque le deja saber específicamente qué es por lo que debe orar.

oraciones exitosas tienen que ser lo más específicas posible. Cuanto más específicas sean sus oraciones, ¡mejor tenderán a ser los resultados! Por supuesto, si no conoce todos los detalles, la oración genérica es mejor que no orar.

Esta es otra razón por la que yo apoyo visitar al doctor: el diagnóstico del doctor puede ayudarle a que sus oraciones sean más eficaces porque le deja saber específicamente qué es por lo que debe orar. En lugar de una oración genérica, como: "Padre, sana a esta persona del dolor de su pierna", puede ir a la causa y decir: "Maldigo al espíritu de artritis. Se tiene que ir, en el nombre de Jesús. Declaro un nuevo cartílago en su articulación, y que remita el dolor, ¡en el nombre de Jesús!". Tome el diagnóstico del doctor, y conviértalo en una lista de motivos de oración.

Nunca dude de la voluntad de Dios

En algunos círculos religiosos se cree que la enfermedad es la manera de Dios de purificar el alma del mal y aportarle a la persona lecciones espirituales prácticas de humildad y amor. Realmente creen que Dios ha causado la enfermedad o los problemas que están viviendo. En este caso, orar en contra de lo que Dios quiere para la persona es situarse en contra de la voluntad de Dios, un lugar donde no es bueno que usted esté. Ni tan siquiera tiene sentido. Si alguien está en total pobreza y enfermo, no está así porque Dios lo quiere. Él camina en amor.

Algunas personas ministran y oran con esta duda, sin estar convencidos de la capacidad o el deseo de Dios de sanar. Dicen: "Si es tu voluntad", y suena muy humilde, pero esta frase revela una falta de fe. Si le falta confianza en la capacidad de Dios de responder a sus oraciones, tiene que regresar a la Biblia y estudiar lo que dice acerca del plan de Él para su vida. Si quiere recuperarse de una enfermedad o ser bendecido económicamente, debe deshacerse de la duda. Dios desea que sus hijos caminen en salud y prosperidad. La Biblia está llena de afirmaciones de que Él quiere que todos sus hijos tengan éxito y prosperen en todas las áreas de su vida.

Nadie que ora usando la frase "si es tu voluntad" debería esperar el éxito cuando ministra a los enfermos. Debe estar totalmente convencido de que Dios quiere que sus hijos estén bien y sanos. Confíe en la Palabra de Dios, y verá recuperarse a los enfermos. Verá cómo se manifiestan sus milagros.

Confíe en la Palabra de Dios, y verá recuperarse a los enfermos. Verá cómo se manifiestan sus milagros.

Un amigo mío de Inglaterra ha estado en el ministerio de sanidad durante más de quince años. Al comienzo de su ministerio, unas tres de cada cien personas por las que oraba eran sanadas. Después asistió a una escuela de sanidad que organizó mi ministerio en su iglesia, y comenzó a tener un promedio de sesenta de cada cien personas que eran sanadas. Ese no es el cien por ciento que me gustaría ver, pero incluso cuando consigo el cien por ciento no estoy satisfecha. Quiero ver a Dios incluso hacer más. Quiero que Él supere mis expectativas. Aún no estoy satisfecha, y no me voy a rendir.

Cuando una persona ciega es sanada, no digo: "Eso es todo lo que quería hacer. Me voy a sentar porque he terminado". No, sino que sigo ministrando, orando por sanidad en otras áreas también. Después de un gran servicio, no digo solamente: "Ya está", y me siento, sino que continúo. Tengo una mayor determinación hoy que incluso antes para hacer lo que Dios me ha llamado a hacer.

La misma unción es suya, si es un hijo de Dios; y para todo lo que Dios ordena o planea para su vida, Él mandará las finanzas, la educación y los medios para que usted lo cumpla. Simplemente permita que su unción trabaje a través de usted.

Considere el ayuno

El ayuno, como Dios manda, le permite pasar más tiempo con Él y disfrutar de una mayor intimidad, lo cual es importante en el ámbito de la oración. Cuando usted abandona o se priva de alguna comodidad, puede mantener su enfoque en Él y su voluntad.

Ayunar normalmente produce pensamientos de no comer durante días; sin embargo, también hay otras cosas de las que se puede "ayunar". ¿Qué tal mantenerse alejado de la distracción de la televisión o de miles de lugares de la Internet que no proclaman el nombre de Jesús? Muchas cosas terrenales amenazan con distraerle de su caminar y concentración en las cosas de Dios, y los ayunos de los medios de comunicación son una manera de cortar la tenaza que el mundo tiene sobre usted.

Ayunar de la comida le da la oportunidad de alimentarse de la Palabra. Si escucha al mundo continuamente, su fe se morirá de hambre; pero si escucha continuamente la Palabra, su fe aumentará. Rodéese de hombres y mujeres de Dios que crean en la sanidad y que alimenten su espíritu con la preciosa Palabra de Dios. Escuchar música de alabanza y hacer tiempo para cantar alabanzas a Dios también alimentará su espíritu, porque la adoración abre una línea directa al corazón de Dios.

Ore con otros creyentes

Santiago 5:16 nos enseña: "*Confesaos vuestras ofensas unos a otros, y orad unos por otros, para que seáis sanados. La oración eficaz del justo puede mucho*". Si está teniendo un tiempo difícil con algo que le está partiendo el corazón en pedazos, encuentre a alguien que esté pasando por la misma situación y ore por esa persona. Después, pídale a esa persona que ore por usted. Si tiene problemas económicos, encuentre a otra persona que esté teniendo también problemas económicos, y oren el uno por el otro, para que cada uno de ustedes sea libre económicamente.

También hay poder en el acuerdo. Jesús dijo: "*Si dos de vosotros se pusieren de acuerdo en la tierra acerca de cualquiera cosa que pidieren, les será hecho por mi Padre que está en los cielos. Porque donde están dos o tres congregados en mi nombre, allí estoy yo en medio de ellos*" (Mateo 18:19–20).

Sea persistente

Orar unos por otros y creer que habrá resultados increíbles es algo totalmente bíblico, aunque los resultados no se manifiesten de inmediato. Recuerdo a mi madre, Frances Hunter, decirme que las primeras cinco personas por las que ella oró murieron. Así pues, ¿qué hizo ella? Siguió orando por los enfermos. Ella obedeció a Dios. La responsabilidad de sanarlos era de Dios, no de ella.

¿Qué tal si mis padres hubieran dejado el ministerio? ¿Cuántos cientos de miles de personas en todo el mundo no estarían sanas hoy? Si ellos se hubieran rendido tan fácilmente, ¿cuántos cientos de miles de personas no tendrían el bautismo del Espíritu Santo?

Eso podría ocurrirle a usted también. Es muy fácil abandonar, pero es divertido estar en medio de lo que Dios le ha llamado a hacer. Quédese en el fluir del Espíritu Santo. Algunas personas han descarrilado o se han bloqueado por los problemas, ya sean económicos, espirituales o emocionales. Si es necesario, ore por un avance en su vida.

Muchas personas que están leyendo esto han sido llamadas al ministerio. Usted estuvo involucrado en el pasado en el ministerio, pero ya no lo está haciendo ahora. Algunos de ustedes han estado involucrados en el ministerio y lo han dejado debido a la oposición. ¿Es usted esa persona? Puede recibir un salario de una compañía secular y seguir involucrado en el ministerio cristiano.

Quizá haya tenido que lidiar con mucha oposición, dolor y decepción. Yo he pasado por todo eso, pero es mucho mejor estar en el otro lado. No se rinda. Simplemente entregue sus afanes al Señor en oración. *"Por nada estéis afanosos, sino sean conocidas vuestras peticiones delante de Dios en toda oración y ruego, con acción de gracias"* (Filipenses 4:6).

Ore en el nombre de Jesús

> *Si algo pidiereis en mi nombre, yo lo haré.* (Juan 14:14)

> *No me elegisteis vosotros a mí, sino que yo os elegí a vosotros, y os he puesto para que vayáis y llevéis fruto, y vuestro fruto permanezca; para que todo lo que pidiereis al Padre en mi nombre, él os lo dé.* (Juan 15:16)

> *De cierto, de cierto os digo, que todo cuanto pidiereis al Padre en mi nombre, os lo dará. Hasta ahora nada habéis pedido en mi nombre; pedid, y recibiréis, para que vuestro gozo sea cumplido.* (Juan 16:23–24)

Jesús fue muy claro en que usted debe usar su nombre al presentar sus peticiones al Padre celestial. El primer discípulo en usar el nombre de Jesús como una herramienta para sanidad fue Pedro. Él y Juan se dirigían al templo a orar cuando se encontraron con un mendigo cojo. Cuando el hombre les pidió limosna, Pedro respondió: *"No tengo plata ni oro, pero lo que tengo te doy;* ***en el nombre de Jesucristo*** *de Nazaret, levántate y anda"* (Hechos 3:6).

Jesús dijo a sus discípulos que podían usar su nombre para hacer los milagros que necesitasen, pero hasta este momento, era estrictamente un "conocimiento mental". Jesús había dicho: "Les doy derecho a usar mi nombre. Les doy poder notarial para usar mi nombre. Úsenlo para cualquier circunstancia en que necesiten usarlo, tanto como lo necesiten, todas las veces que quieran".

¡Qué regalo para los fieles seguidores de Jesús! Alguien con un poder notarial puede actuar en lugar de la persona, en este caso, Jesús. Jesús tenía mucha fe en que sus discípulos seguirían y actuarían en su nombre. Sin restricciones, sin reglas; Él confió en que ellos harían exactamente lo mismo que Él haría si estuviera presente. Qué magnífico reconocimiento de la fe de Jesús en el hombre.

Hace años, mis padres tenían grandes reuniones en las que era literalmente imposible imponer manos sobre cada persona enferma. Mi madre movía la mano sobre la audiencia y decía: "Sean sanados, ¡en el nombre de Jesús!". Parecía como si la mayor parte de la audiencia fuera golpeada por el poder del Espíritu Santo, y se caían de espaldas en sus sillas. Poco después se volvían a levantar, totalmente sanadas.

El nombre de Jesús es poderoso. Es el nombre sobre todo nombre.

> *Por lo cual Dios también le exaltó hasta lo sumo, y le dio un nombre que es sobre todo nombre, para que en el nombre de Jesús se doble toda rodilla de los que están en los cielos, y en la tierra, y debajo de la tierra; y toda lengua confiese que Jesucristo es el Señor, para gloria de Dios Padre.* (Filipenses 2:9–11)

Jesús también le ha dado su nombre. Usted tiene su poder notarial. ¿Qué le detiene para usarlo y reclamar lo mejor de Dios?

¡Tan solo ore!

Lo único que puede impedirle ver a otros sanados es no orar por ellos. Aunque no sepa qué decir, el Espíritu Santo llenará los espacios en blanco.

Y de igual manera el Espíritu nos ayuda en nuestra debilidad; pues qué hemos de pedir como conviene, no lo sabemos, pero el Espíritu mismo intercede por nosotros con gemidos indecibles. Mas el que escudriña los corazones sabe cuál es la intención del Espíritu, porque conforme a la voluntad de Dios intercede por los santos. (Romanos 8:26–27)

Cuando los arresten, no se preocupen por cómo responder o qué decir. Dios les dará las palabras apropiadas en el momento preciso. (Mateo 10:19, NTV)

Porque yo les daré las palabras apropiadas y tal sabiduría que ninguno de sus adversarios podrá responderles o refutarlos. (Lucas 21:15, NTV)

Antes de avanzar, permítame ponerme de acuerdo con usted en la siguiente oración:

> Padre, ahora mismo, en el nombre de Jesús, libero a los que están leyendo este libro, en el nombre de Jesús, y les libero en el ministerio al que les has llamado. Padre, gracias que eres el Dios de misericordia y gracia, en el nombre de Jesús. Padre, declaro una unción especial sobre ellos, en el nombre de Jesús. Padre, te doy gracias por darles paz como nunca antes la habían experimentado. Declaro paz y fortaleza en su corazón y plenitud donde los hombres han intentado destruirlos. Te pido estas cosas en el nombre de Jesús.
>
> Padre, te doy gracias por dar una guía clara acerca de lo que deben hacer estos queridos hijos tuyos. Padre, en el nombre de Jesús, libero sus finanzas. Te doy gracias por sanar su cuerpo y restaurar todo lo que el enemigo ha robado.

Padre, en el nombre de Jesús te doy gracias por equiparnos para resistir contra la oposición del enemigo. Estamos en acuerdo por aquellos que participan de este ministerio. Padre, te doy gracias por quienes están al lado de tus ministros. Activo el don de la determinación. Pido que plantes una semilla de fe extra en cada persona que lea este libro, en el nombre de Jesús. Vengo en contra de toda oposición a tu llamado sobre sus vidas. Cualquier obstáculo para recibir es roto y se derrite bajo el poder del Espíritu Santo.

Padre, te doy gracias que ahora están más decididos a hacer lo que les has llamado a hacer, y porque vas a darles mayor gracia para perseverar de la que nunca antes han tenido. Gracias por darles más sabiduría y conocimiento en sus negocios, en sus trabajos y en sus ministerios, en el nombre de Jesús. Declaro prosperidad sobre ellos, no solo económicamente, sino en cada área de sus vidas. Padre, bendíceles sin medida. Les hablo con mayor revelación de la que jamás hayan conocido. Amén y amén.

Su sanado corazón va a abrir puertas para ministrar poderosamente al cuerpo de Cristo. Miles de personas necesitan ser liberadas. Lleno del poder de Él, ¿cómo puede usted perder? ¡Abra esas puertas! ¡Sane a los enfermos! ¡Libere a los cautivos! El Espíritu Santo le guiará cada paso de su camino.

6

POSICIÓNESE PARA RECIBIR

"Yo te instruiré, yo te mostraré el camino que debes seguir; yo te daré consejos y velaré por ti".
—Salmos 32:8 (NVI)

Cuando su automóvil necesita gasolina, ¿se queda usted en su casa protestando y echando humo? No, sino que se dirige a la gasolinera más cercana y reposta. De igual modo, cuando su familia tiene hambre pero la despensa está vacía, ¿qué hace? Va a la tienda, o quizá opta por cenar en un restaurante. Usted no puede conseguir gasolina en un restaurante o sentarse en una gasolinera a cenar. Tiene que saber dónde ir para conseguir lo que quiere.

Del mismo modo, si hay algo que necesita de su Padre celestial, ya sea una provisión económica, sanidad física o una relación restaurada, tiene que estar en el lugar correcto para recibirlo. Como verá, el proceso de posicionamiento tiene tanto que ver con la condición de su corazón como con la localización de su cuerpo.

Así como tiene que estar en el lugar correcto para repostar su automóvil o hacer la compra, debe estar en el lugar correcto para recibir las bendiciones de Dios. Como reza el dicho: "Ponte debajo del surtidor de donde fluyen sus bendiciones".

Sitúese en el lugar correcto, físicamente

Un buen ejemplo de alguien que se posiciona para recibir del Señor es el profeta Elías, que tuvo que moverse al lugar donde Dios proveería para su mantenimiento. En 1 Reyes 17, Dios habla a Elías diciendo: *"Apártate de aquí, y vuélvete al oriente, y escóndete en el arroyo de Querit, que está frente al Jordán. Beberás del arroyo; y yo he mandado a los cuervos que te den allí de comer"* (1 Reyes 17:3–4). Elías siguió estas instrucciones y encontró el sustento de vida en el agua del arroyo y la carne que le llevaron los cuervos. (Véase 1 Reyes 17:6).

Tras un tiempo, el arroyo se secó, y Dios le volvió a hablar, con estas instrucciones: *"Levántate, vete a Sarepta de Sidón, y mora allí; he aquí yo he dado orden allí a una mujer viuda que te sustente"* (1 Reyes 17:9). De nuevo, Elías obedeció; y así fue, encontró a una viuda que no tenía mucho pero cuya suerte pronto mejoró gracias a un milagro.

> *Y* [la mujer viuda] *respondió: Vive Jehová tu Dios, que no tengo pan cocido; solamente un puñado de harina tengo en la*

tinaja, y un poco de aceite en una vasija; y ahora recogía dos leños, para entrar y prepararlo para mí y para mi hijo, para que lo comamos, y nos dejemos morir. Elías le dijo: No tengas temor; ve, haz como has dicho; pero hazme a mí primero de ello una pequeña torta cocida debajo de la ceniza, y tráemela; y después harás para ti y para tu hijo. Porque Jehová Dios de Israel ha dicho así: La harina de la tinaja no escaseará, ni el aceite de la vasija disminuirá, hasta el día en que Jehová haga llover sobre la faz de la tierra. Entonces ella fue e hizo como le dijo Elías; y comió él, y ella, y su casa, muchos días. Y la harina de la tinaja no escaseó, ni el aceite de la vasija menguó, conforme a la palabra que Jehová había dicho por Elías. (1 Reyes 17:12–16)

Dios quiere bendecirle con milagros, pero quizá tenga que estar en otro lugar para recibirlos. Ya sea que llegue en su propio jardín o en el otro lado del mundo, la provisión de Dios para usted se encuentra en el centro de su perfecta voluntad.

Él provee para lo que ordena, y Él le sitúa en una posición para recibirlo si tan solo le obedece, como hicieron Elías y la viuda de 1 Reyes 17. Elías siguió las instrucciones de Dios, y la viuda cumplió sus órdenes dadas a través de Elías. Ella dio lo poco que tenía, y Dios la bendijo con más que suficiente multiplicándole su regalo y prolongando la vida de ella y de su hijo. ¡Qué maravillosa demostración de la multiplicación de Dios de retorno!

Sitúese en el lugar correcto, espiritualmente

Además de estar físicamente en la posición correcta, debe estar también en el lugar correcto espiritualmente. Este "lugar" se encuentra cuando se humilla y afina su corazón para oír de Dios.

Acontecerá que si oyeres atentamente la voz de Jehová tu Dios, para guardar y poner por obra todos sus mandamientos que yo

te prescribo hoy, también Jehová tu Dios te exaltará sobre todas las naciones de la tierra. Y vendrán sobre ti todas estas bendiciones, y te alcanzarán, si oyeres la voz de Jehová tu Dios.
(Deuteronomio 28:1–2)

¿Ha estudiado su Palabra con relación a su situación personal? ¿Ha abierto su corazón para oír lo que Él tiene que decir acerca de su sanidad, sus retos económicos o su situación familiar? Si no, "posiciónese" de rodillas durante un tiempo y clame a Dios. "Posiciónese" en su lugar secreto y escuche. "Posiciónese" para encontrarse con Dios: físicamente, emocionalmente y espiritualmente.

Mas tú, cuando ores, entra en tu aposento, y cerrada la puerta, ora a tu Padre que está en secreto; y tu Padre que ve en lo secreto te recompensará en público. (Mateo 6:6)

El que habita al abrigo del Altísimo morará bajo la sombra del Omnipotente. (Salmos 91:1)

A veces, estar en el lugar correcto, espiritualmente, conlleva ajustar el nivel de ruido. ¿Puede oír a Dios y ver su obra en medio de su vida, por muy loca, ruidosa y ocupada que sea? A veces lo conseguirá, pero por lo general tendrá que separarse y estar a solas con Él. Aunque Él es un gran Dios, su voz no retumba desde el cielo. Él habla en susurros de gentileza y amabilidad. Él espera que usted acuda a Él. Él quiere que le invite. Él es un caballero que no interferirá en lo que usted haga. Es usted quien tiene que decidir escuchar.

Aunque Él es un gran Dios, su voz no retumba desde el cielo. Él habla en susurros de gentileza y amabilidad. Él espera que usted acuda a Él.

Encuentre un lugar tranquilo para reunirse con Él. Dé la bienvenida al Espíritu Santo en su vida y su hogar.

Invítele a envolver su existencia. A Él le encanta hablar y comunicarse con usted. Él es su Ayudador, su Guía y su mejor Amigo. Él le dirá dónde ir y qué decir. Aprenda a recibir en su lugar secreto en la presencia de Dios. Usted es digno porque Él le hace digno. Lea su Palabra, rodéese de una buena música de adoración y cante alabanzas al único que es digno.

Posicionado en obediencia

¿Está usted en el lugar correcto? ¿Se encuentra usted en el centro de la voluntad de Dios o está jugueteando en los límites? ¿Qué fue lo último que Él le dijo que hiciera? Si no obedeció en ese momento, quizá tenga que regresar y terminar esa tarea antes de que Él le dé otra palabra. La obediencia es importante.

> *Una mujer, de las mujeres de los hijos de los profetas, clamó a Eliseo, diciendo: Tu siervo mi marido ha muerto; y tú sabes que tu siervo era temeroso de Jehová; y ha venido el acreedor para tomarse dos hijos míos por siervos. Y Eliseo le dijo: ¿Qué te haré yo? Declárame qué tienes en casa. Y ella dijo: Tu sierva ninguna cosa tiene en casa, sino una vasija de aceite. Él le dijo: Ve y pide para ti vasijas prestadas de todos tus vecinos, vasijas vacías, no pocas. Entra luego, y enciérrate tú y tus hijos; y echa en todas las vasijas, y cuando una esté llena, ponla aparte. Y se fue la mujer, y cerró la puerta encerrándose ella y sus hijos; y ellos le traían las vasijas, y ella echaba del aceite. Cuando las vasijas estuvieron llenas, dijo a un hijo suyo: Tráeme aún otras vasijas. Y él dijo: No hay más vasijas. Entonces cesó el aceite. Vino ella luego, y lo contó al varón de Dios, el cual dijo: Ve y vende el aceite, y paga a tus acreedores; y tú y tus hijos vivid de lo que quede.* (2 Reyes 4:1–7)

Elías le dijo a la viuda que vendiera todo el aceite que necesitara para pagar su deuda, y que usara el resto del dinero para

Al margen de lo que se vea en lo natural, la obediencia a Dios es siempre la posición adecuada para recibir lo mejor de Él.

vivir. Dios multiplicó lo que ella tenía para que pudiera pagar su deuda y tuviera suficiente para vivir tanto ella como su hijo durante el resto de sus días. Si ella hubiera ignorado a Eliseo y no hubiera querido obedecer sus instrucciones, el aceite no habría sido multiplicado. Si ella hubiera conseguido más vasijas, habría sido aún más bendecida.

Ella había pedido ayuda, y Dios suplió su necesidad de manera sobrenatural. La viuda no se desacreditó ni rehusó obedecer por orgullo o estatus social. Ella obedeció, y recibió exactamente aquello por lo que había estado orando y creyendo a Dios.

Al margen de lo que se vea en lo natural, la obediencia a Dios es siempre la posición adecuada para recibir lo mejor de Él. Cuando usted se encuentra en el centro de su voluntad, está perfectamente posicionado para el desbordar de sus abundantes bendiciones.

Cuando reciba dirección divina de Dios en forma de una palabra de Él, debería decir: "Por tu palabra, haré cualquier cosa que me digas que haga". Cuando obedece a Dios instantáneamente sin preguntar, usted le agrada. No intente encontrar otra manera de hacer algo. No haga una lista de excusas para no seguir su guía. Dios sabe lo que es mejor.

Cuando Él envía una bendición, de repente usted encuentra todo lo que necesita. Dios siempre provee para usted. Él tiene más que suficiente aguardando para sus hijos. Crea que Él le dará todo lo que necesita. Actúe en base a su palabra profética, obedezca su Palabra escrita, ¡y después abra su corazón y sus brazos para recibir!

Posicionado a los pies de Jesús

Y estando Jesús en Betania, en casa de Simón el leproso, vino a él una mujer, con un vaso de alabastro de perfume de gran precio, y lo derramó sobre la cabeza de él, estando sentado a la mesa. Al ver esto, los discípulos se enojaron, diciendo: ¿Para qué este desperdicio? Porque esto podía haberse vendido a gran precio, y haberse dado a los pobres. Y entendiéndolo Jesús, les dijo: ¿Por qué molestáis a esta mujer? pues ha hecho conmigo una buena obra. Porque siempre tendréis pobres con vosotros, pero a mí no siempre me tendréis. Porque al derramar este perfume sobre mi cuerpo, lo ha hecho a fin de prepararme para la sepultura. De cierto os digo que dondequiera que se predique este evangelio, en todo el mundo, también se contará lo que ésta ha hecho, para memoria de ella.

(Mateo 26:6–13; véase también Marcos 14:3–9; Lucas 7:37–50)

A Jesús le conocía mucha gente, y la mayoría le amaba. Sin embargo, los fariseos estaban buscando una manera de atraparle o de hablar de dónde o con quién pasaba su tiempo. Cuando Jesús estaba en Betania, una mujer con una mala reputación llegó para derramar aceite sobre su cabeza. Mientras le adoraba, sus lágrimas de dolor lavaban sus pies, y ella usó su cabello para secarlos. (Véase Mateo 26:7; Marcos 14:3; Lucas 7:37).

El aceite que contenía el frasco de alabastro que rompió se usó para la preparación de Jesús para su entierro. Nadie sabía lo que depararía esa semana. Los discípulos cortos de vista solo pudieron criticarla por "malgastarlo" con Jesús en vez de venderlo y dar el dinero a los pobres. Se enredaron viendo qué otras cosas se podían haber conseguido con ese regalo, en vez de ver el bello acto de adoración que se estaba produciendo delante de ellos.

Jesús les corrigió, diciendo: "*A los pobres siempre los tendrán con ustedes, pero a mí no siempre me tendrán*" (Juan 12:8, NVI). Él sabía que su tiempo en la tierra estaba a punto de terminar; cada momento era precioso. Jesús recibió el aceite y sus lágrimas. Él reconoció su acto de adoración. Ella necesitaba que le perdonasen, y con su adoración también llegó el perdón.

Meditemos también en otra mujer que descubrió bendiciones a los pies de Jesús.

> *Aconteció que yendo de camino, entró en una aldea; y una mujer llamada Marta le recibió en su casa. Esta tenía una hermana que se llamaba María, la cual, sentándose a los pies de Jesús, oía su palabra. Pero Marta se preocupaba con muchos quehaceres, y acercándose, dijo: Señor, ¿no te da cuidado que mi hermana me deje servir sola? Dile, pues, que me ayude. Respondiendo Jesús, le dijo: Marta, Marta, afanada y turbada estás con muchas cosas. Pero sólo una cosa es necesaria; y María ha escogido la buena parte, la cual no le será quitada.*
>
> (Lucas 10:38–42)

Marta creía que estaba en el lugar correcto: la cocina. A fin de cuentas, Jesús era su invitado, ¡y estaba comprensiblemente preocupada haciendo los preparativos pertinentes para Él! Pero ella prefirió servir a sentarse, hasta que Jesús le corrigió. Servir es maravilloso; ministrar es magnífico; pero nada se compara con sentarse a los pies de Jesús. Este acto de adoración le bendice, y también a usted. Cuando no sepa dónde ir, los pies de Jesús es siempre el mejor lugar posible.

Una vez posicionado...

¿Ha recibido a Jesús en su corazón? ¿Está siguiendo sus pautas? ¿Está en medio del plan que Él tiene para su vida? ¿Le permitirá trabajar a través de usted? Si es así, tiene acceso a una cuenta que está rebosando el desbordar de sus bendiciones: económicas, físicas y de cualquier tipo. Sin embargo, hay algunas claves que debe recordar mientras se esfuerza por retirar de esta cuenta.

Establezca metas con la guía divina

Diariamente, la gente recibe la oportunidad de ir a trabajar o de seguir la carrera que cada uno escoja. Las decisiones que se toman durante ese camino determinan la dirección de cada vida. Planes de casarse, de comprar una casa, tener hijos y jubilarse a cierta edad son pasos por la escalera de toda una vida. La variedad de planes es tan variada como la gente con la que se encuentra diariamente.

Puede estar seguro de una cosa: Dios nunca le retendrá ningún bien. Él es un Padre amoroso y compasivo.

Si usted desea estar a tiempo completo en el ministerio, ¿ha escrito un plan y ha orado acerca de cómo y dónde usará sus bendiciones? ¿Se está preparando para lo que Él quiere que haga? Quizá tiene que estudiar un nuevo idioma antes de que Él pueda enviarle a ministrar a otro país. Pregúntele qué necesita hacer. Pero haga algo con su meta cada día. Planifique, planifique, planifique. Escriba sus planes. Trabaje en ellos de vez en cuando según va avanzando. Esté abierto a las sugerencias de Dios (no a la crítica del hombre).

> *Entonces el Señor me dijo: "Escribe mi respuesta con claridad en tablas, para que un corredor pueda llevar a otros el mensaje sin error. Esta visión es para un tiempo futuro. Describe el fin, y éste se cumplirá. Aunque parezca que se demora en llegar, espera con paciencia, porque sin lugar a dudas sucederá. No se tardará".* (Habacuc 2:2–3, NTV)

¡Usted debe ser versátil, flexible y hostil! Los cristianos deberían estar listos para mudarse (versátiles) siempre que Dios diga "Vayan", lo suficientemente sanos (flexibles) para ir donde Dios les envíe, y preparados (hostiles) para reconocer y luchar las batallas que el enemigo sin duda alguna usará en sus intentos de interferir en los planes de Dios para su vida.

Discierna de quién recibir

Aunque Dios es su principal Proveedor, Fuente y Sustentador, a menudo Él usa a otras personas como canales para dirigir sus bendiciones hacia usted. Sin embargo, no debería suponer que todo el que esté listo para darle algo tiene el mejor interés para usted en mente. Aunque esté en una posición para recibir algo gratis, un regalo, debería evaluar la fuente del mismo modo que lo haría al planificar hacer una compra. Usted tiene cuidado de cómo gasta el dinero que ha ganado con tanto esfuerzo, y debe tener el mismo cuidado al aceptar regalos de otros. El discernimiento es crucial, especialmente cuando se trata de decidir de qué iglesia, ministerio o líder debería usted recibir guía espiritual.

Cuando necesito un producto o un servicio, mi primer pensamiento es: *¿Dónde debería ir a conseguir esto? ¿Quién me dará la mejor calidad al mejor precio en el momento en el que yo lo necesito?* Por ejemplo, si necesito una computadora nueva, busco un experto en el mundo de la electrónica. Si necesito renovar mi vestuario, voy a mi tienda de ropa favorita y consulto a los dependientes. Y cuando necesito consejo sobre asuntos espirituales, contacto con alguien que creo que me hablará lo que Dios tiene en su corazón para mí, alguien que haya demostrado que sabe oír de Dios. Si alguien se acerca a mí con una "palabra" de Dios, quiero saber quién es. Muchas de las "palabras" que me han dado en mi vida no eran de Dios, y tuve que rechazarlas en vez de recibirlas.

El discernimiento es crucial, especialmente cuando se trata de decidir de qué iglesia, ministerio o líder debería usted recibir guía espiritual.

La mayoría de las personas en proceso de escoger un cirujano u otro profesional de la salud revisarán a fondo al posible doctor, pidiendo conocer su historial y pidiendo acceso a los testimonios escritos de otros pacientes. Esta es una pregunta a considerar: ¿Hace las mismas indagaciones y tiene los mismos estándares cuando busca una iglesia o un ministerio que le apoye que cuando busca alguien que se ocupe de su salud? Las decisiones que tome con respecto a esto son igual de importantes, si no más, porque tienen el potencial de impactar su destino eterno.

Si está buscando una nueva iglesia, un mentor espiritual o un ministerio que apoyar, piense en hacerse las siguientes preguntas: "¿Cuál es la reputación de este ministro/ministerio?"; "¿Qué evidencia o fruto se ha producido como resultado de la obra de Dios a través de este ministro/ministerio?"; "¿Están alineadas con la Escritura las ideas doctrinales y las creencias básicas de este ministro/ministerio?".

Dependiendo de la naturaleza de su relación con ese ministro o ministerio, quizá se vea en una posición para dar donativos económicos, y quiera asegurarse de estar plantando semillas en una buena tierra que tenga buenas probabilidades de dar una cosecha abundante para el reino de Dios.

Pregúntele a Él dónde ir a aprender más de su Palabra y cómo vivir por sus principios. Quizá piense: *Sencillamente puedo ir a la iglesia de enfrente.* Pero nunca es tan fácil. Por favor, revise la iglesia a la que piensa ir. Asegúrese de que estén enseñando la Palabra de Dios y no las tradiciones de los hombres. Desgraciadamente, algunas iglesias en esta generación están haciendo cosquilleos en los oídos de la congregación con principios rebajados y a menudo malinterpretados que provienen de los corazones de los hombres en vez del corazón de Dios.

Con la Internet y las páginas web de iglesias, cualquiera puede leer la visión de una iglesia, revisar la experiencia y el entrenamiento del liderazgo de la iglesia, y familiarizarse con las actividades de la iglesia antes de asistir a un servicio. ¿Tienen una misión establecida? ¿Apoyan las misiones? ¿Tienen un ministerio para niños pequeños y también para los ancianos de la comunidad? ¿Quiénes son los ancianos apostólicos que supervisan las actividades de la iglesia? Estos ancianos normalmente no son miembros de la iglesia pero son responsables de la supervisión espiritual de las funciones y los líderes de la iglesia. Las oficinas nacionales son la cabeza de las iglesias denominacionales y sostienen creencias similares en toda su iglesia base. Las iglesias interdenominacionales o no denominacionales elegirán líderes espirituales con creencias parecidas para que sean sus supervisores.

Por ejemplo, los líderes de la iglesia que fueron a Rhema Bible Training College operarán y seguirán el patrón de Kenneth Hagin y sus enseñanzas. Sus estudiantes graduados han comenzado iglesias por todo el mundo y también han creado ministerios individuales. Oral Roberts University tiene miles de graduados por todo el mundo, yo incluida, que están extendiendo la Palabra de Dios sobre la base de la enseñanza recibida durante nuestros estudios en ORU.

A muchas iglesias no les gusta asistir o escuchar a otros líderes cristianos. Ore por ellos. Ninguna iglesia tiene todas las respuestas sobre todos los asuntos. La gran variedad de ministerios es algo bíblico. Dios dice que Él nos dará dones. Uno puede tener perspectivas sobre los últimos tiempos, mientras que el don de otro quizá sea profetizar.

Según los dones del ministerio quíntuple, tal como en las Escrituras (véase Efesios 4:11–12), algunos serán maestros, pastores, predicadores, profetas y apóstoles, para equipar a los santos para la obra del ministerio y para edificar al cuerpo de Cristo. Hay algunos con dones de administración, servicio y música. (Véase 1 Corintios 12:28–30). Hay muchas áreas de dones de Dios. El ministerio de mis padres tiene que ver principalmente con sanidad y el bautismo del Espíritu Santo. Sí, yo camino en esos mismos dones; sin embargo, Dios ha añadido a esos dones, expandiendo el don de sanidad a todas las áreas de la vida, así como haciéndome una apóstol. También profetizo.

Encuentre una fuente donde pueda escuchar y aprender la Palabra. Hay muchas reuniones, convenciones, programas de televisión, páginas web en la Internet e iglesias disponibles para usted. No dude en indagar acerca del pastor y los demás líderes de una iglesia. Asegúrese de que creen en la Biblia como la divina Palabra de Dios, inspirada por el Espíritu Santo. Revise sus creencias. Una vez que esté satisfecho con sus demandas, relájese y deje que Dios le ministre a través de ellos.

Una vez que haya identificado maestros que le hablen de una manera significativa, escúcheles regularmente. No puede visitar una iglesia una vez y conocerlo todo. Así como no puede comer una vez y vivir para siempre, debe tener comidas regulares de alimento espiritual para sobrevivir y crecer en Dios.

Discierna cuándo recibir

Repito: cuando crea que Dios suplirá una necesidad, tiene que entender que en muchas ocasiones, Él debe obrar a través de otras personas para suplir las finanzas como respuesta a sus oraciones. Dios se moverá en los corazones de la gente que le rodea para llevarle de simplemente "creer" a realmente "recibir".

¿Cómo sabe cuándo debería recibir regalos de algunas de las personas que le rodean? La mejor razón para recibir es cuando el regalo se lo dan gratuitamente y sin condición alguna. Dios le da libremente los dones espirituales de salvación y perdón; no hay nada que pueda hacer para ganárselos. Jesús murió libremente en la cruz por su salvación y llevó el castigo de sus pecados. Su muerte pagó el precio de

> *La mejor razón para recibir es cuando el regalo se lo dan gratuitamente y sin condición alguna.*

provisión para el perdón. Es verdaderamente una deuda que nunca podrá usted devolver.

Vemos esto evidenciado en Lucas 21:1–4:

> [Jesús,] *levantando los ojos, vio a los ricos que echaban sus ofrendas en el arca de las ofrendas. Vio también a una viuda muy pobre, que echaba allí dos blancas. Y dijo: En verdad os digo, que esta viuda pobre echó más que todos. Porque todos aquéllos echaron para las ofrendas de Dios de lo que les sobra; mas ésta, de su pobreza echó todo el sustento que tenía.*

Jesús honró a la viuda por dar todo lo que tenía a Dios. Sin pensar en sus sentimientos o su edad, la gente se empujaba junto a ella mientras se dirigían al altar para dar su ofrenda. Ella dio gentil y calladamente sus dos monedas de cobre y se alejó. Sabía la importancia de dar, es más, entendía lo mucho que suponían para ella esas dos blancas. Confiando en que Dios supliría todas sus necesidades, dio todo lo que tenía para honrarle.

Esté dispuesto a ser bendecido por quienes le rodean. Dé gracias cuando la gente que le rodea haya visto su necesidad y le haya ofrecido su ayuda. No deje que el orgullo le impida aceptar un regalo.

Cuando ha estado orando para que Dios responda a una necesidad específica, y reciba la respuesta, siempre dé gracias a Dios por suplir sus necesidades. Debe recordar siempre que Él es el que ama su alma, su Abba Padre, su Proveedor. Usted es su hijo, y toda buena dádiva y don perfecto vienen de Él. (Véase Santiago 1:17).

7

DESARROLLE UNA PIADOSA DETERMINACIÓN

"Y he aquí una mujer enferma de flujo de sangre desde hacía doce años, se le acercó por detrás y tocó el borde de su manto; porque decía dentro de sí: Si tocare solamente su manto, seré salva. Pero Jesús, volviéndose y mirándola, dijo: Ten ánimo, hija; tu fe te ha salvado. Y la mujer fue salva desde aquella hora".

—Mateo 9:20–22

El relato de la mujer con el flujo de sangre, también narrado en los Evangelios de Marcos y Lucas, es la historia de una mujer conforme a mi corazón. Ella mostró una piadosa determinación a recuperarse, y Jesús recompensó su fe sanándola.

Esta mujer con el flujo de sangre había sufrido por una hemorragia anormal durante años y había gastado todo su dinero en doctores, que finalmente se habían rendido con ella. Estaba considerada una marginada, y no se podía mezclar con otras personas. Según la ley judía, ni siquiera su marido podía tocarla. No podía cuidar o abrazar a sus propios hijos. Vivía aislada, sola y arruinada.

Imagine que usted fuera esta mujer, tumbada en cama año tras año, sangrando lenta pero continuamente durante doce años. Incluso cuatro o cinco días con un problema de sangrado le dejará débil y anémica. Tras doce años con este problema, fue un milagro que aún estuviera viva. Había hecho todo lo posible en lo natural para recuperarse, incluyendo gastar todo su dinero en doctores y varios medicamentos. Parecía que los doctores se habían rendido con ella cuando se quedó sin dinero.

Un día, aunque estaba muy cansada y seguía enferma, se levantó, salió de la cama y corrió a la otra habitación. Encendió su computadora portátil y revisó en la Internet dónde estaba hablando Jesús ese día. Se vistió con su mejor traje, se arregló el cabello, se puso un poco de perfume y se montó en su automóvil Lexus para ir a la reunión. Podría añadir también que tenía fama de ser una señora realmente fina en los alrededores de Jerusalén. Cuando llegó a la reunión, se sentó en la primera fila, porque naturalmente, tenía un asiento reservado y los ujieres la conocían por su nombre.

¿Es eso lo que usted cree que ocurrió? No, no es en modo alguno lo que ocurrió.

¿Qué ocurrió realmente? Una señora que había sufrido durante doce años de flujo de sangre estaba tan débil, que ni tan siquiera habría podido levantarse de la cama durante varios días. Su piel estaba pálida, sus músculos habían encogido, y sus huesos eran muy prominentes. Parecería lánguida y sin vida. Entonces, oyó de un Hombre que podía sanar con el toque de su mano, y una semilla de fe quedó plantada en su corazón. ¿Cómo supo que Jesús estaba en la zona? Probablemente escuchó acerca de Él mediante lo más poderoso del mundo: la lengua. Alguien se lo dijo. Los amigos y familiares quizá habían hablado de Él y de los poderosos milagros que le acompañaban. Hay poder en la lengua. Ella escuchó y creyó. Se aferró a esas palabras que había oído. El boca a boca era el medio de comunicación en esos tiempos. No existían los periódicos, teléfonos, TV, radio o la Internet. La gente hablaba y compartía, y se visitaban unos a otros frecuentemente. Eventos como Jesús cuando sanaba a los enfermos debieron de haberse difundido amplia y rápidamente.

Me imagino que otra mujer le visitó y dijo: "Oí que Jesús pasará por aquí hoy". Al oír eso, la mujer se levantó pero apenas podía caminar. Quizá fue a gatas y se empujó con sus brazos hasta que finalmente consiguió levantarse. Probablemente se tambaleaba un poco, de vez en cuando, al intentar mantener el equilibrio. Finalmente se vistió con el primer harapo que aún conservaba y se dirigió hacia la puerta. Entró en la ciudad, a pesar de los gritos de la gente: "¡Inmunda!"; pero no había mapa hasta el lugar donde ministraba Jesús. Tenía que estar firme en su postura más allá de toda comprensión para seguir dando un paso tras otro hasta llegar a su destino. No tenía para un taxi. Ni tan siquiera tenía dinero para agua o comida. Imagino que esta mujer iba caminando de una forma lenta e inestable mientras intentaba encontrar a Jesús.

Por suerte, se había despertado esa mañana con una mayor determinación de la que había tenido nunca hasta ese día. La semilla de fe estaba creciendo mientras seguía repitiéndose: "Si tan solo tocase el borde de su manto, seré sana. Si tan solo tocase el borde de su manto, seré sana".

Quizá llegó gateando a sus pies. Quizá tuvo que abrirse camino entre la multitud. Sin embargo lo consiguió, y llegó hasta los pies de Jesús. Esperando que nadie la viese o detuviese, se estiró para tocar el borde del manto del Maestro.

De inmediato, su hemorragia se detuvo. Sabía que había sido sanada. Jesús sintió que había salido poder de Él, y se giró para buscar entre la multitud: "¿Quién ha tocado mi ropa?". Sus confusos discípulos le dijeron: "Hay muchas personas tocándote. ¿Qué quieres decir?". Jesús buscó los rostros que tenía a su alrededor para encontrar a la persona que literalmente había conseguido sacar poder de Él.

La mujer sabía lo que había ocurrido, y cayó a los pies de Jesús mientras le contaba su historia. Me imagino la sonrisa amorosa y la mirada gentil que puso Jesús mientras se disponía a ayudarle a ponerse de pie, y responder: "Hija, tu fe te ha sanado. Ve en paz y sé sanada de tu aflicción".

Una fe resuelta

Cada milagro que Jesús hizo, incluyendo la sanidad de la mujer con el flujo de sangre, me recuerda que no hay absolutamente nada imposible para Dios, si solo creemos. Esto demuestra no que los milagros *pueden* ocurrir, sino que *ocurrirán*. Esta es una de las cosas más importantes que debemos recordar para recibir o mantener un milagro en cualquier área de la vida.

> *Respondiendo Jesús, les dijo: Tened fe en Dios. Porque de cierto os digo que cualquiera que dijere a este monte: Quítate y échate en el mar, y no dudare en su corazón, sino creyere que será hecho lo que dice, lo que diga le será hecho. Por tanto, os digo que todo lo que pidiereis orando, creed que lo recibiréis, y os vendrá.* (Marcos 11:22–24)

No se enfoque en sus problemas, sino más bien gócese en todas sus victorias. Siempre habrá problemas. Llámelos como lo que son: desafíos. Los desafíos son en verdad oportunidades de vencer y brillar para Jesús con victoria.

Ore la voluntad de Dios. Dele gracias por lo que está haciendo en su vida. Dele gracias por su sanidad total. Dele gracias por su prosperidad, aunque no se haya manifestado aún. Mantenga sus ojos en Dios y en su futuro, no en las circunstancias presentes que le rodean. Después, como la mujer con el flujo de sangre, podrá estar firme con fe ante...

Limitaciones físicas

Me pregunto cuántas veces se cayó la mujer con el flujo de sangre antes de llegar a Jesús. ¿Cuántas veces quiso abandonar durante el camino? Esta mujer frágil y diminuta estaba tan enferma que apenas podía levantarse de la cama; pero consiguió abrirse paso entre una multitud de personas y tocar el borde del manto de Jesús. No permitió que su enfermedad le detuviese. Estaba decidida a abrirse camino entre las numerosas piernas y pies y los innumerables rostros que le separaban de su milagro. Había dejado de estar en un solitario aislamiento, lejos de la gente. Quería volver a vivir. Escogió el camino que Dios tenía para ella. A pesar de lo débil que estaba, esta mujer estaba decidida a encontrar a Jesús y recibir su sanidad. ¿Cuántas veces tropezó y cayó? ¿Cuánto dolor sufrió en sus rodillas mientras le buscaba? Yo he recorrido las calles de Jerusalén, y sé que las partes antiguas de la ciudad no están pavimentadas, incluso hoy. Las calles y aceras estaban desniveladas, y estoy segura de que debía de ser mucho peor hace dos mil años. No había nada placentero o agradable en su viaje por los caminos llenos de piedras y rocas, por no mencionar los excrementos de los animales que estarían repartidos por todo el camino. Sin embargo, ella persistió y recibió la sanidad completa por su fe y perseverancia.

Malas excusas

Imagínese lo que habría pasado si la mujer con el flujo de sangre hubiera abandonado la idea de perseguir su sanidad simplemente porque "no le apetecía". Quizá Jesús estaba ministrando lejos. Quizá ella tenía que hacer recados. ¡Pero no! Decidió ir, a pesar de todo lo que pudiera haberse interpuesto en su camino.

Cualquiera puede testificar y ser un misionero para el mundo inconverso que le rodea. Sencillamente tiene que obedecer a Dios.

Tristemente, muchas personas que están enfermas ni siquiera se molestan en conducir hasta una reunión de sanidad. Si se considera que el local donde se realiza el evento no es muy conveniente, no se molestan en asistir, sin importar cuál sea el problema de salud que tengan.

Todo el mundo tiene alguna discapacidad de algún tipo, aunque quizá no sea visible. Cuando oye el testimonio de un joven que no tiene ni brazos ni piernas, no tiene excusa para no ministrar a otros. La gente confinada a una silla de ruedas tiene una buena excusa para no viajar por el mundo, pero muchos de ellos siguen yendo dondequiera que Dios les envía, a pesar de los inconvenientes que acarrea estar en una silla de ruedas. Cualquiera puede testificar y ser un misionero para el mundo inconverso que le rodea. Sencillamente tiene que obedecer a Dios.

Opiniones de otros

La mujer con el flujo de sangre encontró más oposición de los discípulos que estaban intentando proteger a Jesús del empuje de la frenética multitud. Nadie debía acercarse a Jesús. Si alguien penetrara el muro del Servicio Secreto y llegara hasta el presidente de los Estados Unidos, ¿qué cree que ocurriría? Los agentes de seguridad involucrados serían despedidos por no haber hecho bien su trabajo.

En este caso, sin embargo, Dios lo convirtió en un milagro. A pesar de lo débil que estaba, esta mujer tenía que penetrar esa barrera humana. Tenía una gran medida de fe. Sabía que iba a ser sanada. Decía: "*Si tocare solamente su manto, seré salva*" (Mateo 9:21).

En los tiempos bíblicos, esta mujer podría haber sido apedreada solo por salir de casa para hacer la compra, ya que hacerlo en su estado era ilegal. Cualquiera que estuviera a cincuenta metros de ella sería considerado inmundo y hubiera tenido que pasar por un proceso de limpieza ceremonial. Ella no podía entrar en el templo ni participar de ninguna otra actividad social. Esta mujer fue más allá de las leyes naturales de su pueblo y su cultura. Suena bastante extraño, pero ella estuvo dispuesta a arriesgar su vida para ser sanada. Probablemente pensó: *No tengo nada que perder.*

¿Está usted dispuesto a arriesgar su reputación? ¿Pondría su vida en peligro por acercarse a Jesús y recibir su toque sanador? No estoy sugiriendo que quebrante la ley o viole una guía establecida, ya que Dios espera que todos los cristianos se sometan a la autoridad secular en estos asuntos. (Véase 1 Pedro 2:13). No me malentienda. Ella simplemente fue más allá de cualquier límite de la ley ceremonial del judaísmo de su época. El hombre y la religión le habían rechazado, pero ella fue sanada por el Maestro debido a su fe invencible.

Duda y derrotismo

Imagino que la mujer con el flujo de sangre se vio tentada a rendirse muchas veces. A fin de cuentas, sus doctores ya se habían rendido. Si los "profesionales" dicen que algo no se puede arreglar, tendemos a creerles, especialmente cuando han pasado doce años sin mejoría visible. Pero la mujer no perdió la esperanza. Ejercitó la fe en medio de unas circunstancias negativas abrumadoras.

Si algo se tuerce en su vida hoy, ¿qué lo comenzó? Usted puede escuchar a las personas negativas que dicen: "¡Debe de haber

Al declarar duda y temor en vez de una fe determinada, está invitando al diablo a sus circunstancias.

cometido algún pecado!". Este fue el caso de un ciego de nacimiento, a quien Jesús sanó. Los discípulos le preguntaron a Jesús: *"Rabí, ¿quién pecó, éste o sus padres, para que haya nacido ciego?"* (Juan 9:2). De igual forma, los "amigos" de Job le preguntaron, cuando su familia había muerto y sus recursos se habían agotado: *"Si tus hijos pecaron contra él, Él los echó en el lugar de su pecado... Si fueres limpio y recto, ciertamente luego se despertará por ti, y hará próspera la morada de tu justicia"* (Job 8:4, 6). Tenían buenas intenciones, aunque sus palabras parecían más bien palabras de condenación en vez de palabras de ánimo.

Sí, usted debe examinarse. ¿Ha hecho algo para abrir la puerta a esta situación? Quizá no ha quebrantado ninguno de los Diez Mandamientos; sin embargo, una simple frase, como "Siempre tengo la gripe en esta época del año", o "Probablemente seré un fracasado, como mi padre", pueden abrirle la puerta al enemigo. Usted no ha pecado; sin embargo, está en un marco mental negativo y se espera un desastre. ¿Quién es el autor del desastre? Es el diablo, cuyo objetivo es *"hurtar y matar y destruir"* (Juan 10:10). Al declarar duda y temor en vez de una fe determinada, está invitando al diablo a sus circunstancias.

En un servicio reciente, una mujer me dijo que sus doctores le habían dicho que estaría mejor muerta. Yo me cambiaría de doctores si los míos me hubieran dado ese tipo de "consejo". Encontraría a alguien que me dijese palabras positivas, no una sentencia de muerte.

Usted debe decidir permanecer en las promesas de Dios si quiere recibir un milagro. ¿Está su vaso medio lleno o medio vacío? ¿Es usted una persona positiva que busca lo bueno en la vida y recibe cada día con una sonrisa? Quizá siempre vea el lado negativo y espere lo peor. ¿Sabe qué? ¡Usted conseguirá lo que espere recibir! Recuerde: "*Todo lo que el hombre sembrare, eso también segará*" (Gálatas 6:7), y: "*Porque cual es su pensamiento* [del hombre] *en su corazón, tal es él*" (Proverbios 23:7).

Como usted piense, así es. Será como aquello de lo que se rodee. De la forma que se vea, así será. No sea un contenedor de basura. Sea la sal de la tierra y la luz del mundo. Que su Palabra brille a través de usted. Deje que Jesús obre a través de usted al acercase a otros para que sean tocados. Deje que su milagro sea un modelo que reciba la persona que está intentando salir de la pobreza, la enfermedad y la esclavitud.

Su decisión es recibir su milagro. ¿Quiere seguir sano en todas las áreas de su vida? Bueno, pues tiene trabajo por hacer. ¿Qué es lo primero que piensa de usted mismo cuando se levanta? Usted lo decide. Puede alabar a Dios por otro día hermoso, o puede empezar a quejarse por otro día frenético y ocupado. Puede darle gracias a Dios por su maravilloso esposo y familia, o quejarse por el lío que dejaron en la cocina la noche anterior. Alábele por tener una familia de la que disfrutar y cuidar en vez de la alternativa, es decir, estar sola sin nadie a quien amar.

Alabar a Dios hace que el enemigo se vuelva loco. No solo eso, sino que su alabanza y adoración saca al enemigo de su hogar, de su automóvil y de su presencia. Alabar a Dios hace que Él participe en cada situación, sin importar dónde se encuentre usted. El diablo no puede aguantar estar en la presencia de Dios. Él y sus demonios desaparecerán en la oscuridad al sonido del precioso nombre de Jesús.

Cada vez que me despierto, quiero que el diablo diga: "¡Cuidado, se ha despertado otra vez!". Durmiendo o despierta, sé de cierto que los ángeles de Dios me están rodeando con su protección. Si estoy en su voluntad y soy obediente a Él, estoy dentro de su protección cada minuto de mi vida, y ese conocimiento me da la osadía para esperar mis milagros.

Enfrente sus temores

¿Qué le está apartando de sus milagrosas bendiciones? ¿Qué cosas en su vida le están impidiendo hacer todo lo que Dios le ha llamado a hacer?

Quizá está experimentando un asalto en el área de su economía. Dios está librando a muchas personas de esos ataques, aunque usted esté luchando ahora. Pero tiene que seguir dando. Tiene que seguir presionando. Tiene que seguir avanzando y no apartarse, porque eso es exactamente lo que el diablo quiere que usted haga. Él no quiere que usted sea bendecido; él no quiere que usted viva para Dios. Ciertamente él no quiere que usted dé dinero para avanzar el reino de Dios y promover su gloria. Normalmente, cuando las personas sufren un ataque financiero, lo primero en lo que recortan es en el área de su contribución a la iglesia, a través de los diezmos y ofrendas. Sin embargo, eso es lo último que un creyente debería hacer cuando sufre una crisis financiera.

¿Qué precio está usted dispuesto a pagar por el llamado de Dios en su vida? ¿Qué está dispuesto a sacrificar para avanzar y cumplir la voluntad de Dios en su vida? ¿Cree que Dios suplirá una provisión para todo lo que Él le ha creado y llamado a hacer? Si es así, ¡entonces dé el siguiente paso!

Decida ver a otros sanados y restablecidos

> *Usted tiene la capacidad de contarles a otros que Jesús les sanará si acuden a Él creyendo.*

La fe de la mujer con el flujo de sangre fue una inspiración para los que estaban a su alrededor. Dice en Lucas 8:47 que tras ser sanada, la mujer *"le declaró delante de todo el pueblo por qué causa le había tocado, y cómo al instante había sido sanada"*. ¡Qué testimonio!

Usted tiene la capacidad de contarles a otros que Jesús les sanará si acuden a Él creyendo. Si no quiere imponer manos sobre ellos en ese instante, tiene la capacidad de invitarles a un lugar donde puedan ser sanados. ¿Qué ocurre si la persona dice que no? Bueno, ¿qué tal si dice que sí? Si dice que no, ¡sencillamente sacúdase! Su tarea es compartir la verdad en amor y dejarle a Dios los resultados. No es responsabilidad suya cómo otros reciban la verdad. Su responsabilidad es obedecer a Dios y confiar en que Él hará obrar su Palabra.

Mójese los pies

Cualquier cosa que entregue voluntariamente a Dios, Él la multiplicará y devolverá.

Yo soy original de Florida, y me encanta caminar por la playa y ver las olas rompiendo en la orilla. A medida que se adentra en el océano, el agua progresivamente va teniendo más profundidad. Recuerdo llevar a un niño pequeño por primera vez al mar. Nunca antes había visto una ola, y tenía miedo. Pero una vez que aprendió lo que las olas podían y no podían hacer, le encantó saltar y jugar con ellas en la orilla sin temor. Pero tuvo que mojarse los pies para vencer su temor.

Abraham tuvo que estar dispuesto a sacrificar a su hijo Isaac, que era el cumplimiento de la promesa de pacto de Dios. Isaac tenía que tumbarse en el altar para que Dios hiciera con él lo que había decidido. Y esto es así también para usted hoy. Tiene que estar dispuesto a entregar lo que más valore, incluso su propia vida, como un sacrificio vivo a Dios. Debe escoger morir al yo y vivir para Cristo.

Cualquier cosa que entregue voluntariamente a Dios, Él la multiplicará y devolverá. Puede darle su vida podrida, confundida y errante. A cambio, Él le dará una vida maravillosa, amorosa y llena del Espíritu en la tierra y una eternidad con Él.

Levántese y continúe con el ministerio que Dios le ha dado. Comience en su propia casa, su actual entorno. Siempre encontrará personas necesitadas al alcance de su mano.

Cuando camine en fe y se acerque un poco más al borde de su zona cómoda, las aguas del conflicto y la incertidumbre quizá se alcen y le hagan tener miedo, hasta el punto de sentir la tentación de regresar y abandonar. Pero si confía en Dios, no debe tener miedo.

Escuche a Dios, no al hombre

Alguien le dirá: "¿Tú, en el ministerio de sanidad? ¿Quién te crees que eres?".

Una amiga mía quería ir a una de mis escuelas de sanidad. Sus amigas le dijeron que el ministerio de sanidad era del diablo y que no podía ser de Dios. Eso no es cierto, pero ella pensaba para sí: *¿Qué voy a hacer?* Las cosas del Espíritu eran nuevas para ella, y el enemigo no quería que ella impusiera manos sobre los enfermos. La unción para sanar estaba sobre ella, y el enemigo estaba intentado impedir que operase en su llamado.

Dios quiere liberar su unción. Quizá usted piense: *Quiero orar por alguien, pero me da miedo, así que mejor no lo haré. La conozco, y me dirá que no.* Después quiere orar por un hombre, pero "es demasiado alto". Usted quiere imponer manos sobre él, pero es un hombre, y siente que no puede imponer manos sobre un hombre.

Esas son excusas vacías. Tiene que insistir, como hizo la mujer del flujo de sangre. Ella estaba decidida a ser sanada. Usted tiene que estar igualmente decidido a imponer manos sobre los enfermos y verles recuperarse. Tiene que tener la misma determinación con la que Dios quiere prosperarle y bendecirle más allá de sus mayores sueños.

Usted es cabeza, y no cola; está por encima, y no por debajo. (Véase Deuteronomio 28:13). En todo lo que ponga su mano, prosperará. (Véase Deuteronomio 28:8). No abandone. Las que tienen éxito son las personas que no abandonan. Todo aquel que es millonario es alguien que rehúsa abandonar, a pesar de los desafíos aparentemente insuperables. Tiene que creer que usted no es alguien que abandona. Usted tiene el llamado de Dios en su vida.

Con Dios, el éxito está asegurado

Cuando usted es el favorito de Dios, y cada uno de sus hijos es su favorito, puede argumentar con una determinación ungida y saber que Dios le está respaldando todo el tiempo. Lo único importante es saber que Él "guarda sus espaldas". Sé que estoy llamada, señalada y ungida. Usted también debe saber que lo está.

En el ámbito de Dios, no existe el fracaso. En la tierra es otra historia. De vez en cuando, nos preguntan por qué parece que los milagros se producen más en unas partes del mundo que en otras. A veces parece que la fe inocente de los creyentes en otras naciones literalmente se aferra al concepto de la sanidad, milagros y bendiciones, y no se suelta. De hecho, vemos milagros en todo el mundo; sin embargo, la gente tiene que estar preparada para recibir. Cuando son sanadas, las personas deben testificar de lo que ha ocurrido. Consiga un informe médico de los cambios y sanidades que ha hecho Dios.

Allane el camino a la restauración

Las Escrituras no nos dicen la edad de la mujer con el flujo de sangre, pero creo que aún era lo suficientemente joven como para tener hijos. Al ser sanada, se le debió de haber permitido regresar a la vida normal, dormir con su esposo y tener más hijos. La Biblia no nos dice lo que ocurrió, pero creo que como resultado de su sanidad física, su vida también fue restaurada.

> *¡Dios quiere la restauración de todos! Él no solo quiere que sus hijos estén bien, sino que los quiere completos y sanos: en cuerpo, alma y espíritu.*

¡Dios quiere la restauración de todos! Él no solo quiere que sus hijos estén bien, sino que los quiere completos y sanos: en cuerpo, alma y espíritu. (Véase 1 Tesalonicenses 5:23). Él quiere que usted esté completamente sano, por dentro y por fuera, perdonado, liberado, fuerte y avanzando hacia una vida mejor. Tiene que tener el mismo tipo de determinación que tuvo esta mujer enferma. Hizo lo que fue necesario para llegar a Jesús y recibir su sanidad.

¿Qué poder tiene su lengua? Puede hacer que la gente vaya a una reunión de sanidad para recibir ministración. O puede compartir las buenas nuevas, imponer manos sobre los enfermos y ver cómo se recuperan, dondequiera que usted se encuentre. Tan solo tiene que usar lo que Dios ya le ha dado.

La determinación supera la distancia

Una mujer en Inglaterra tenía un grave problema de sangrado excesivo. Los doctores querían ponerle una transfusión de unos tres litros de sangre porque su nivel de hemoglobina estaba críticamente bajo. Sin la trasfusión, le dijeron, en pocos días estaría muerta y enterrada. Mientras le ministraba por teléfono, Jesús le dio una transfusión de sangre sobrenatural. La vi al sábado siguiente, y estaba totalmente sana. Tenía un aspecto saludable, mucha energía y una sonrisa en su rostro porque Jesús le había tocado. Él puede sanar de manera tan fácil a través de una llamada de teléfono como lo hizo cuando alguien tocó el borde de su manto.

¿Tiene usted una piadosa determinación? ¿Va a permanecer en la Palabra de Dios? ¿Buscará fielmente y estudiará para recibir todo lo que Dios tiene para usted? ¿Están su corazón y su mente abiertos para reclamar las bendiciones cuando éstas pasen por su lado? Las milagrosas bendiciones de Dios están todo el tiempo a su alrededor, así que usted tan solo tiene que estirarse y atraparlas. Reclámelas como suyas y póngalas a trabajar para el reino. Sus bendiciones son abundantes. Le desbordarán. ¡Reconózcalas y gócese cuando las comparta con otros!

¡Usted puede hacerlo!

Si tiene la suficiente determinación, siempre puede llegar donde tiene que ir. Puede llegar allí si lo ansía lo suficiente. Si es un tipo de persona decidida "por encima de todo", conseguirá su objetivo. Tiene que saber que si sale de la cama, puede recibir, y recibirá, una bendición de Jesús. Por muy simple que suene, tiene que estar decidido a darle la espalda a lo que era y estirarse por alcanzar lo que puede ser, a pesar de lo cansado u ocupado que esté.

Usted se levanta y va a trabajar cada día. Debería estar más comprometido con su iglesia y con Dios que con su trabajo. Su trabajo es meramente temporal, a pesar del dinero que consiga o cuánto le guste hacerlo. Sin embargo, la gente y el ministerio de Dios son eternos, y hay una diferencia enorme entre los dos.

Nuestro mayor ejemplo de determinación

Tenemos el mayor ejemplo de piadosa determinación en nuestro Padre celestial y su Hijo, Jesucristo. Dios usó determinación cuando creó los cielos y la tierra, ya que tomó la decisión de proseguir hasta la meta escogida, a pesar de los obstáculos que tuvo. Lo mismo ocurrió al crear a la humanidad. En su omnipresencia y omnisciencia, Dios ciertamente sabía que sus hijos iban a ser tentados por el diablo e incluso sucumbirían ante la incredulidad, confusión y rebelión durante sus caminos a lo largo de la vida. En su infinita sabiduría, sabía que iba a estar ocupado cuidando y guiando a sus hijos en su manera de caminar para vivir para siempre con Él en el cielo. Estaba decidido a abrirles camino para vencer a Satanás y heredar la vida eterna, a expensas de la vida de su propio Hijo.

Si usted está diseñado como su Padre, usted tiene su ADN, sus características, y puede actuar como Él; usted es capaz de tener la misma determinación que Dios exhibe. Puede orar, buscar su sabiduría, aceptar que tiene la mente de Cristo, y hacer exactamente lo que su Padre quiere que usted haga cada día.

Ore conmigo ahora:

Padre, gracias por tu fortaleza y determinación. Ayúdame a mantener mis ojos en la meta, y no en las distractoras circunstancias que me rodean. Tengo la mente de Cristo, y recurriré a tu sabiduría en cada decisión que tome. Gracias, Jesús. Amén.

8

TENGA UN CORAZÓN DE GRATITUD

"Cuando descendió Jesús del monte, le seguía mucha gente. Y he aquí vino un leproso y se postró ante él, diciendo: Señor, si quieres, puedes limpiarme. Jesús extendió la mano y le tocó, diciendo: Quiero; sé limpio. Y al instante su lepra desapareció".
—Mateo 8:1–3

Pocos cristianos hoy aprecian el poder de alabar a Dios y darle gracias. La Biblia está llena de expresiones de alabanza, tanto en el Antiguo como en el Nuevo Testamento. Grandes cosas ocurrieron cuando las personas alabaron a Dios: enemigos fueron esparcidos; personas fueron sanadas; se ganaron batallas. Se han escrito grandes libros sobre la alabanza y lo vital que es para el creyente. La práctica de la alabanza es verdaderamente vida para nuestra alma. Somos personas de las que Dios dice: *"Al pueblo que formé para mí mismo, para que proclame mi alabanza"* (Isaías 43:21, NVI).

Observe lo que hizo el leproso en Mateo 8:1 cuando se encontró con Jesús: cayó postrado y le adoró. Alabó a Jesús incluso antes de pedir o esperar que Jesús hiciera algo por él, aunque su desesperación por ser sanado debía de ser grande. En tiempos bíblicos, los que tenían lepra eran marginados de la sociedad. Todos se apartaban de ellos, gritando horrorizados. No había cura; no había esperanza de poder regresar de nuevo con la familia o los amigos. Los leprosos eran atormentados, incluso cuando buscaban entre la basura algo que llevarse a la boca que otras personas habían tirado. Los niños les arrojaban piedras, y los adultos les maldecían. Sin embargo, la primera respuesta de este hombre al encontrarse con Jesús no fue quejarse o rogar sino alabar.

Cuando usted aparta su mente de sus problemas y la pone en Jesús, se pone en disposición de recibir de Dios.

¿Qué le ocurrió a la alabanza y la adoración en la iglesia primitiva? Un espíritu religioso se apoderó e insistió en que todos tenían que estar callados, orar en silencio, cantar dulcemente y refrenarse de mostrar emoción. El poder de la verdadera adoración se apagó. Se desconectó la fuente de poder, por así decirlo.

Hace años, alguien hizo un comentario que realmente me habló mucho: "La alabanza es el arado que hace el surco en nuestro corazón para prepararlo para recibir de Dios". Esta es la razón por la que nuestra iglesia, junto a muchas otras, comienza cada servicio de sanidad con un tiempo de alabanza y adoración. Cuando usted aparta su mente de sus problemas y la pone en Jesús, se pone en disposición de recibir de Dios. Mientras siga habitando en sus problemas y sus enfermedades, significa que no ha encendido el interruptor del poder de Dios. Ha bloqueado el fluir del Espíritu. Ha hecho un dique en los ríos de agua viva que quieren fluir por el interior de su ser.

Avaricia versus gratitud

Muy pronto en la vida, los niños aprenden a decir: "Mío". Se lanzan a conseguir todo lo que les agrade, y montan una rabieta si no lo consiguen de inmediato. Años después, tras la pertinente corrección, el niño aprende a compartir y, finalmente, a dar. Dar con placer y gozo es una lección avanzada de la vida. De hecho, algunas personas nunca aprenden a recibir o a dar con una buena actitud.

Los hijos que nunca aprenden a dar o compartir tienden a "tomar" todo lo que quieren, siempre que lo quieren. Creen que todo y todos existen para su uso o abuso personal. A las personas que toman posesiones de otros sin permiso se les llama ladrones y pueden ser perseguidos y castigados. No están "recibiendo", sino tomando. Hay una gran diferencia.

Esté abierto y listo para recibir

Para mí, el hecho de recibir implica una disposición a aceptar todo lo que se da con una sonrisa y un corazón agradecido. Tiene que estar abierto y expectante para recibir verdaderamente todo lo que Dios haya preparado para usted. Como hijo de Él, debería estar con los brazos abiertos y extendidos hacia el cielo, listo para recibir la lluvia de sus bendiciones. Si está con sus brazos cruzados sobre su pecho y una expresión gruñona en su rostro, diciendo: "No necesito nada ni a nadie; puedo hacerlo todo por mí mismo", no está en disposición de recibir nada de nadie. La gente se apartará de usted.

Los niños se irán corriendo. Solo los valientes se acercarán, cautelosamente, esperando una explosión verbal y/o física por su apariencia desagradable y hostil.

Pida, no exija

Exigir cosas a las personas no funciona muy bien. Exigir cosas a Dios tampoco funciona bien. Él no es su sirviente. Sus hijos no pueden y no deberían exigirle que cuide de ellos y les conceda todos sus antojos. De igual modo, su Padre celestial tampoco responderá a antojos y exigencias. Él responde a un corazón agradecido de obediencia y fe.

Si sus hijos terminan sus deberes, limpian su cuarto, le ayudan con la cena y terminan sus tareas, ¿cómo responderá si le piden algo? Probablemente esté más receptivo a sus peticiones, y es más probable que se lo conceda que si sus hijos no terminaron sus deberes, no quisieron terminar sus tareas y trataron a otros con rudeza. Y probablemente se esforzará mucho más para concederles sus peticiones si mantienen una actitud positiva mientras realizan sus tareas, en vez de reservar sus buenos modales y dulces sonrisas para esas veces en que quieren algo de usted.

Desgraciadamente, todos los hijos de Dios se olvidan de vez en cuando de las reglas bosquejadas en su Palabra. Se les olvidan sus modales y comienzan a "exigir", ¡y luego se preguntan por qué Dios no responde inmediatamente a sus egoístas exigencias! Hace años, vi un tapiz con esta frase: "Nada mejora tanto que Dios nos oiga como la alabanza". Eso verdaderamente era Dios hablando. Él responde a la alabanza y la adoración con mucha más rapidez que a las actitudes gruñonas y las exigencias quejumbrosas.

Dé gracias

Dar regalos es especialmente alegre cuando el receptor está agradecido. Los que muestran aprecio por los regalos que usted les da aumentan la probabilidad de que vuelva a comportarse de manera generosa con ellos en un futuro. Por el contrario, si el receptor se mofa de su regalo o se ríe de su gesto, usted no tendrá prisa en volver a darle otro regalo. Recuerde las risas y el nerviosismo, el gozo y la exuberancia de un niño que abre un regalo para descubrir que es el juguete que más quería en Navidad. Una muñeca, un tren, un carro o una bicicleta pueden estimular la imaginación de un niño durante miles de horas. Él valorará no solo el regalo sino también el recuerdo.

Nuestro Dios no es distinto. A Él le encanta dar regalos a sus hijos. Él tiene almacenes llenos de tesoros para cada uno de los hijos del Rey. A Él le encanta hacerle sonreír. ¿Qué quiere Él a cambio? Lo mismo que usted esperaría de sus propios hijos a cambio de sus regalos: amor, devoción, alabanza, adoración y aprecio.

Las bendiciones de la gratitud

La alabanza es una manera fantástica de expresar su gratitud a Dios. De hecho, ¡los beneficios de esta práctica sobrepasan con mucho a los del regalo por el que le está dando gracias!

La alabanza le lleva a la presencia de Dios

> *Pero que los justos se alegren; que se gocen en la presencia de Dios; que estén llenos de alegría. ¡Canten alabanzas a Dios y a su nombre! Canten alabanzas en alta voz al que cabalga sobre las nubes. Su nombre es el Señor; ¡alégrense en su presencia!*
>
> (Salmos 68:3–4, NTV)

Las alabanzas de los justos crean una autopista, un camino para Dios. Usted se abre a Él, permitiéndole actuar en usted y a través de usted a lo largo de esa autopista de alabanza. Mientras le alaba, su espíritu se levantará. La alabanza abre la puerta a su trono y le da permiso para entrar a su presencia con acción de gracias.

David nos exhorta a cantar alabanzas a su nombre. ¿Por qué? Porque solo su nombre contiene todo lo que Él es. El nombre de Dios significa todo. Para el creyente, solo la mención de su nombre debería provocar alabanza y adoración.

El nombre de Dios significa todo. Para el creyente, solo la mención de su nombre debería provocar alabanza y adoración.

Una vez que aprenda a prepararse para Dios de la forma correcta, siguiendo sus instrucciones, nunca pensará que la iglesia es aburrida o insulsa. Cuando su corazón está triste en la alabanza incluso antes de que entrase en el edificio, la alabanza de la reunión puede hacer que su espíritu vuelva a flotar hasta el cielo.

La alabanza crea una atmósfera para los milagros

Durante una reunión de Explosión de Sanidad en Bogotá, Colombia, hace muchos años, tuvimos uno de los servicios de alabanza y adoración más gloriosos que jamás habíamos tenido, donde se produjeron unos milagros increíbles. La gente era sanada, liberada y desatada mientras los creyentes cantaban sus alabanzas y su adoración a Dios. Hombres, mujeres y niños dejaban las sillas de ruedas y caminaban por ese lugar, alabando a Dios. Un señor mayor recobró su vista y se maravillaba de todo con un total asombro mientras alababa a Dios por su gloriosa sanidad.

A lo largo de toda la Biblia, el pueblo de Dios encontró la victoria cuando le alabó. Ya sea marchando alrededor de Jericó siete veces o alzando su bandera antes de una batalla con el enemigo, Dios y sus ángeles eran la protección para los hijos de Israel. Cuando sus hijos eran obedientes, vivían en paz y tranquilidad.

Cuando actuaban en desobediencia, eran tomados cautivos y esclavizados.

Sucede lo mismo hoy día. Si usted es obediente a la Palabra de Dios, y si hace lo que Él dice en vez de hacer lo que usted quiere, Él está ahí para guiarle durante el camino. A veces el camino puede que sea rocoso e irregular, pero cuando Él le está guiando, su destino no puede ser otro que la victoria. Dios gana todas las batallas. Como soldado suyo, usted tiene que alinearse detrás de Él. Él es el General de cinco estrellas que dirige sus tropas. Usted simplemente permanece de pie atento, escuchando atentamente y obedeciendo.

La alabanza hace huir al enemigo

No hay nada en todo el mundo que produzca gozo, descanso, paz, confianza, esperanza, expectación, fe, sanidad y amor con más rapidez que la alabanza a Dios. La alabanza expulsa al enemigo por la puerta, porque no puede estar escuchando la exaltación del Señor. Por lo tanto, ¡cante su canción de alabanza favorita! De hecho, puede reconocer muchos versículos bíblicos como exactamente eso, una de sus canciones de alabanza favorita. Muchos de los Salmos expresan el agradecimiento a Dios de una forma tan bella que cientos de versículos de ese libro se han musicalizado y se usan en todo el mundo, a diario, para alabar y adorar a nuestro Padre celestial.

La alabanza expulsa al enemigo por la puerta, porque no puede estar escuchando la exaltación del Señor.

Simplemente empiece a alabar y dar gracias a Dios por todas las cosas grandes y poderosas que Él ha hecho en el pasado. La alabanza se puede comparar a decir: "Gracias", y es muy importante para Dios. A fin de cuentas, se menciona aproximadamente 500 veces en la Biblia. Puede estar seguro de que la alabanza es clave para una vida cristiana victoriosa.

La alabanza aviva su fe para los milagros

Cuando se ve rodeado por un verdadero desastre, apenas puede albergar un pensamiento de alabanza, y mucho menos comenzar a hablar o cantar nada en voz alta. Sin embargo, creer es necesario para la manifestación de nuestros milagros.

> *Pero sin fe es imposible agradar a Dios; porque es necesario que el que se acerca a Dios crea que le hay, y que es galardonador de los que le buscan.* (Hebreos 11:6)

> *Pero pida con fe, no dudando nada; porque el que duda es semejante a la onda del mar, que es arrastrada por el viento y echada de una parte a otra. No piense, pues, quien tal haga, que recibirá cosa alguna del Señor. El hombre de doble ánimo es inconstante en todos sus caminos.* (Santiago 1:6–8)

> *Has aumentado, oh Jehová Dios mío, tus maravillas; y tus pensamientos para con nosotros, no es posible contarlos ante ti. Si yo anunciare y hablare de ellos, no pueden ser enumerados.* (Salmos 40:5)

¿Qué mejor manera de edificar su fe que recordar todas las cosas maravillosas que Dios ha hecho por usted y por sus seres queridos, y darle gracias por esas cosas? Compartir lo que Dios ha hecho no solo edifica su fe para hacer frente a las actuales circunstancias, sino que también le permite ser un valiente testigo ante otros que están sin duda alguna observando para ver cómo reaccionará usted en situaciones de presión.

Comparto testimonios de sanidades y milagros que ha presenciado el equipo ministerial durante todas las reuniones, en comidas o por teléfono, dondequiera que estoy. ¿Por qué? Porque es emocionante ver lo que Dios está haciendo, y tengo que compartirlo con otros. Oír acerca de sus obras edifica la fe para el siguiente milagro. Hablar de lo que hemos visto y oído es bíblico. Le damos a Dios toda la gloria cada vez que compartimos sus milagros con otra persona. No se nos enseña, sino que se nos manda, hablarles a todos acerca de nuestro grande y glorioso Dios y de lo que está haciendo en la tierra. (Véase, por ejemplo, Efesios 5:19–20).

Hacerse eco del salmista

En esos momentos en los que usted necesita esa medida extra de fe, la manera más fácil de alabar a Dios es leer las expresiones de alabanza que vemos en los Salmos. Cuando necesita el poder de Dios para hacer una obra en usted, ya sea sanidad, paz, amor, gozo u otra cosa, en tiempos de angustia, desasosiego, tristeza, duda y desgracia, lea estos versículos de alabanza a Él. Aún mejor, léalos en voz alta, para que sus ojos los vean, sus labios los pronuncien, sus oídos los oigan y su mente los entienda. Su fe explotará al obtener la revelación de esta arma a su disposición: el arma de alabar a Dios.

> *Pero tú eres santo, tú que habitas entre las alabanzas de Israel.* (Salmos 22:3)

Según las Escrituras, Dios literalmente habita en sus alabanzas. ¡Qué importante es alabar a Dios! Es casi como si le diera vida a Él al declarar su agradecimiento. Olvide lo de "casi"; realmente usted le da vida cuando se rinde a Él para que le use: su voz para hablar, sus manos para dar, su corazón para amar. Alabar a Dios le lleva a su trono, donde Él puede darle instrucciones, mensajes de su corazón. Cuando necesite que Dios esté en el centro, lo único que tiene que hacer es alabar su nombre con todo su corazón. Dios no se puede resistir

Cuando necesite que Dios esté en el centro, lo único que tiene que hacer es alabar su nombre con todo su corazón.

a sus alabanzas, porque la alabanza fue la razón por la que fue usted creado. Dice en Salmos 102:18: *"Se escribirá esto para la generación venidera; y el pueblo que está por nacer alabará a Jah"*.

Una buena manera de comenzar es con el Salmo 103, que aporta un excelente resumen de sus razones para alabar a Dios. Le animo a abrir ahora su Biblia y leer en voz alta esta maravillosa expresión de alabanza. Deje que su espíritu absorba cada palabra bendecida mientras obtiene la fortaleza de Dios de cada versículo. Sienta su poder fluir a través de usted. Deje que su fe se alce desde lo más hondo de su ser. Que sus alabanzas "hagan surcos" en su corazón de piedra, consiguiendo que se convierta en un corazón de carne abierto y fértil para recibir el poder sanador de Dios y su profundo amor.

Alábele por el cántico nuevo de salvación

> *Puso luego en mi boca cántico nuevo, alabanza a nuestro Dios. Verán esto muchos, y temerán, y confiarán en Jehová.*
>
> (Salmos 40:3)

Dios ciertamente me dio un cántico nuevo cuando le acepté en mi corazón. También le dio a mi mamá, Frances Hunter, un cántico nuevo. Antes de ser salva, ella era una pecadora consumada. Bebía, fumaba y era el alma de las fiestas, porque se sabía más chistes verdes que nadie. Cuando encontró la salvación, le dijo a Dios: "Te daré mi todo si me das tu todo".

> *Dios es realmente bueno, siempre guiándonos en el camino recto, la senda de misericordia y justicia. Él merece ser alabado.*

Pocas semanas después de que mi mamá recibiera la salvación, yo hice lo propio. Me preguntó qué fue lo que me convenció para aceptar a Jesús, y le dije: "Vi el cambio tan drástico que Él hizo en tu vida".

Casi de la noche a la mañana, mi madre cambió por completo. Ver la milagrosa transformación en mi madre dejó una profunda huella en mí. Sabía que algo maravilloso le había ocurrido. Fui testigo de su nueva vida y su cántico nuevo, y quería lo mismo en mi vida. En muy poco tiempo, Dios había recompuesto nuestras vidas y nos había situado en su camino.

Nadie podía negar el cántico nuevo, los nuevos deseos y el nuevo amor por Jesús que tenía mamá. Lo único que Él no cambió de ella fue su valentía. Él la usó. Cuando comenzaba a hablar de Él, no paraba. Confió en Él y se apoyó en Él cada día de su vida.

Alábele por su justicia

> *Alabaré a Jehová conforme a su justicia, y cantaré al nombre de Jehová el Altísimo.* (Salmos 7:17)

Dios es realmente bueno, siempre guiándonos en el camino recto, la senda de misericordia y justicia. Él merece ser alabado. Usted es bendecido cuando eleva a Él su voz con cantos de gozo y agradecimiento.

Alábele por sus maravillosas obras

> *Te alabaré, oh Jehová, con todo mi corazón; contaré todas tus maravillas. Me alegraré y me regocijaré en ti; cantaré a tu nombre, oh Altísimo.* (Salmos 9:1–2)

Dios no se detiene con solo una o dos bendiciones; Él las derrama sobre usted cada día. ¡Qué gozo se obtiene al reconocer esas bendiciones y al alabarle por lo que ha hecho! Intente hacer una lista de las formas en que Dios le ha bendecido. Creo que tendrá que comprarse un nuevo cuaderno cada semana.

> *Cantad a Jehová, que habita en Sion; publicad entre los pueblos sus obras.* (Salmos 9:11)

¡Testifique, testifique, testifique! ¡Dígales a otros los que Dios ha hecho por usted! Haga una lista de todos sus hechos en su vida. Continúe con una lista de cosas buenas que Él ha hecho en las vidas de su familia y luego siga con las vidas de sus amigos. Dele gracias; cante sus alabanzas por cada cosa de esa lista. Llame a tres amigos y dígales todas las cosas que Dios ha hecho por usted. Declare sus obras entre la gente. Dé a otros un mensaje de ánimo y de buenas nuevas que puedan compartir con todo aquel que hablen. Sus milagros se multiplicarán y se extenderán a través del entorno de amigos que le rodean.

Alábele por su protección

> *Por la opresión de los pobres, por el gemido de los menesterosos, ahora me levantaré, dice Jehová; pondré en salvo al que por ello suspira.* (Salmos 12:5)

¡Cuántas veces ha confiado usted, se ha apoyado y ha descansado en la misericordia y benignidad del Señor! Su corazón debería alegrarse cada vez que piensa en lo que Él ha hecho por usted. ¿Quién más cuida de usted con tanta solicitud y de forma incondicional? ¿Quién más le suple todo lo que necesita? ¿Quién más está siempre con usted? Permita que su corazón se alegre y su espíritu suba a las nubes con alabanza por todo lo que Él es, por todo lo que Él ha hecho y por todo lo que Él le ha dado.

Alábele por su cercanía

> *Cercano está Jehová a todos los que le invocan, a todos los que le invocan de veras.* (Salmos 145:18)

Cuando tiene una necesidad que solo Él puede suplir, ¡alábele! ¡Entréguele su vida mediante su alabanza y adoración! ¡Invítele a sus circunstancias!

Alábele públicamente

Anunciaré tu nombre a mis hermanos; en medio de la congregación te alabaré. (Salmos 22:22)

Te confesaré en grande congregación; te alabaré entre numeroso pueblo. (Salmos 35:18)

David fue valiente al compartir las alabanzas de Dios con los que le rodeaban. No guardaba silencio religiosamente acerca de lo que Dios había hecho por él. A David se le describe como un hombre conforme al corazón de Dios. (Véase 1 Samuel 13:14; Hechos 13:22). Obviamente, la alabanza de David era bien recibida en los oídos del cielo. ¿No debería hacer lo mismo la de usted?

Alábele continuamente

Bendeciré a Jehová en todo tiempo; su alabanza estará de continuo en mi boca. (Salmos 34:1)

Permítame hacerle una pregunta: ¿Puede alabar a Dios y quejarse de sus problemas a la vez? ¿Puede criticar y dar testimonio al mismo tiempo? Claro que no. Dios le dice que bendiga al Señor en todo tiempo, que mantenga su alabanza continuamente en su boca. En esta instrucción se encuentra el secreto para mantener su corazón y su mente limpios y libres de pecado. Si mantiene su mente en Él y en lo que Él ha hecho por usted, otros lo notarán y enseguida desearán lo que usted ha encontrado. Ellos saben que usted tiene problemas, al igual que ellos, pero es su manera de manejarlos lo que marca la diferencia. En vez de llenar su mente de ansiedad y preocupación, alabe a Dios mientras Él resuelve sus problemas y produce las soluciones perfectas.

Debe dar gracias a Dios dondequiera que vaya. Salmos 34:1 no dice que alabemos a Dios solo entre los salvos, entre los creyentes,

¿verdad? ¿Cree que Dios le está diciendo que debe alabarle incluso en medio de no creyentes? ¿En el supermercado? ¿En la escuela? ¿En el aeropuerto? ¡Por supuesto, alabe su santo nombre en todo lugar! Diga: "¡Gloria a Dios! ahí donde usted está. Grite: "¡Aleluya! ¡Gloria a Dios!".

Alábele por darle acceso a sus atrios

> *Entrad por sus puertas con acción de gracias, por sus atrios con alabanza; alabadle, bendecid su nombre.* (Salmos 100:4)

Entrar por sus puertas de camino a la iglesia con acción de gracias prepara los corazones para oír el mensaje de Dios del pastor ese día. Las puertas no tienen que referirse necesariamente a la entrada del estacionamiento de la iglesia. Las "puertas" pueden ser las puertas del automóvil cuando alguien sube al vehículo, pueden ser la oración en el desayuno, o quizá pueden ser el momento en que se despierta por la mañana. Las "puertas" representan el tiempo que usted ha escogido para prepararse para recibir de Dios. Si quiere recibir de Dios cualquier día de la semana, debe prepararse igual, ¿no cree?

Cuando está preparado entrando por las "puertas", entonces puede entrar por sus atrios con alabanza. Sus atrios están un paso más cerca de su presencia, de su trono. Cuando le está alabando, dándole gracias por sus buenas obras y bendiciendo su nombre, todos los problemas de la vida cotidiana parecen evaporarse. Las presiones del mundo de repente parecen poco importantes cuando está rodeado de Dios: su gozo, su fidelidad, su misericordia y su perfecto amor.

Salmos 100:4 es clave para un aspecto importante del ministerio. Debe entrar por sus puertas con acción de gracias. ¿Incluye la acción de gracias discutir los problemas con los hijos? ¡No! ¿Incluye discutir dónde comer después de la iglesia? ¡No! ¿Incluye recordar todo lo que Dios ha provisto para la familia durante la semana? ¡Claro que sí! ¿Significa darle gracias por sanar un dolor en su espalda el martes por la noche o permitirle dar testimonio a un vecino no creyente mientras corta el césped de su jardín el sábado por la mañana? ¡Por supuesto!

Alábele por prosperar y hermosear a su pueblo

> *Porque Jehová tiene contentamiento en su pueblo; hermoseará a los humildes con la salvación.* (Salmos 149:4)

Dios no solo *"tiene contentamiento"* en los humildes; Él los hermosea con salvación. A menudo hemos notado los cambios físicos que se producen cuando una persona es salva, sanada o liberada. ¡Todas estas cosas son posibles cuando los creyentes están alabando y adorando a Dios! El ceño fruncido se suaviza y se relaja, los ojos brillan y una sonrisa rompe la cara enojada. Dios derrama victoria sobre los oprimidos, ¡y los libera! Por supuesto, tendrán otro aspecto. Estarán en paz. Quedarán rodeados de gozo: ¡su gozo!

Alábele temprano

> *Bueno es alabarte, oh Jehová, y cantar salmos a tu nombre, oh Altísimo; anunciar por la mañana tu misericordia, y tu fidelidad cada noche.* (Salmos 92:1 2)

David se levantaba pronto por la mañana con la alabanza de Dios en sus labios. ¡Qué ejemplo! ¿Se levanta usted por la mañana para alabar a Dios? Si se levantase de la cama por la mañana alabando a Dios por su amor y dándole gracias por su fidelidad al guardarle sano y salvo durante sus horas de sueño, ¿no sería todo su día más fácil? Dios le da instrucciones en las primeras horas del día, cuando su mente está despejada de las preocupaciones del día. Anhele el despertador de Dios cada mañana

Si comienza cada día alabando a Dios por lo que Él ha hecho y lo que va a hacer por usted, el día le irá mejor.

y sus instrucciones para cada día nuevo. Encontrará deleite en darle gracias al Señor cuando tiene sus instrucciones desde las primeras horas del día hasta la última de ese mismo día.

Si comienza cada día alabando a Dios por lo que Él ha hecho y lo que va a hacer por usted, el día le irá mejor. Los milagros le alcanzarán. Su canal hacia Dios se abrirá desde el amanecer, permitiéndole acceder a trabajar en usted y a través de usted durante todo el día. ¡Y algunas personas dicen que los cristianos no se divierten! No saben lo que se pierden.

Alábele con canción

> *Aclamad a Dios con alegría, toda la tierra. Cantad la gloria de su nombre; poned gloria en su alabanza.* (Salmos 66:1–2)

> *Cantad alegres a Jehová, toda la tierra; levantad la voz, y aplaudid, y cantad salmos.* (Salmos 98:4)

Dios tiene mucho sentido del humor, ¿no cree? Su Palabra le dice que ¡aclame a Dios con alegría! No le da reglas de armonía y afinación perfecta. Él acepta sus expresiones de gozosa gratitud, al margen de la forma en que usted prefiera hacerlas. ¡Así que cante con todo su corazón! Dios solo oye alabanza; Él no presta atención a la afinación, la armonía perfecta o la calidad del tono.

Él quiere que usted le sirva con alegría y gozo. ¡Él le dice claramente que tiene que acudir delante de su presencia con canto! ¡Aclámele! ¡Cante! ¡Gócese mientras trabaja para Él! ¡Alábele y entre en su presencia, ahí donde está en este momento!

Sus alabanzas son como reírse en la cara de Satanás, haciendo que se acobarde y huya a gatas hasta su escondite profundamente derrotado. ¿Tiene que ser grande o pequeño? ¿Estruendoso o dulce? ¿Joven o anciano? ¡La alabanza es tan eficaz cuando la hace un niño pequeño que cuando la hace un adulto maduro! Y las canciones de alabanza cantadas calladamente son tan poderosas como gozarse con fuerza y dar palmas con estruendo. Alabar y adorar a Dios en todas sus formas ¡es puro poder para el pueblo de Dios!

Sus alabanzas son como reírse en la cara de Satanás, haciendo que se acobarde y huya a gatas hasta su escondite profundamente derrotado.

Alábele con música

> *Pronto está mi corazón, oh Dios, mi corazón está dispuesto; cantaré, y trovaré salmos. Despierta, alma mía; despierta, salterio y arpa; me levantaré de mañana.* (Salmos 57:7–8)

> *Asimismo yo te alabaré con instrumento de salterio, oh Dios mío; tu verdad cantaré a ti en el arpa, oh Santo de Israel. Mis labios se alegrarán cuando cante a ti, y mi alma, la cual redimiste.* (Salmos 71:22–23)

El gozo de David rebosaba en estos salmos. Puedo oírle buscando más y más formas de alabar a Dios.

Algunas personas dicen que los instrumentos musicales no se deberían usar en la iglesia. Yo digo: ¡Toquen el arpa! ¡Toquen la lira! ¡Griten de gozo! Por más que lo intento, no me imagino a David alabando a Dios calladamente en una esquina de su reino con su cabeza inclinada en silencio. ¡Él gritó! ¡Él bailó! ¡Todo su ser gritaba de gozo a Dios!

Alábele espontáneamente

Qué poderosa alabanza, oh Dios, te pertenece en Sión. Cumpliremos los votos que te hemos hecho. (Salmos 65:1, NTV)

¿Alguna vez ha apreciado tanto algo que una persona ha hecho por usted que casi estuvo a punto de estallar antes de poder expresarle su gratitud? ¿Alguna vez ha estado tan feliz que el gozo irrumpió en su interior sin contención? Por supuesto que sí. A todos nos ha pasado de vez en cuando. Quizá de niño, fue por un regalo especial que deseaba su corazón como por ejemplo un tren, una muñeca o un perrito. De adolescente, su primer beso le impulsó hasta las alturas. El día de su boda, y cuando nació su primer hijo, debió de haber sentido un profundo y gozoso abandono.

¿Es de extrañar que muchos lloren en la mera presencia de Dios? Experimentarle con reverencia y asombro y maravillarse produce alabanza en todos. En su presencia, la alabanza irrumpe de manera espontánea. ¿Quién debería recibir más alabanzas que Dios, que siempre cumple sus promesas de cuidar de sus hijos?

Lo más hondo de David gritó las alabanzas de Dios, así como sus labios. Imagine el gozo tan grande que sobrecogió a David cuando pensó en la bondad, el poder y el amor de Dios.

¿Recuerda ese primer sentimiento de gozo completo cuando supo con certeza que Jesús le había salvado y que ahora vivía dentro de usted? ¿Recuerda el gozo desbordante cuando Dios le sanó por primera vez a usted o a algún ser querido? Reflexione en cómo se sintió la primera vez que experimentó verdaderamente el amor y la presencia de Dios.

Alábele por su constante presencia

Dios es omnipresente, lo cual significa que está en todo lugar en todo tiempo. En realidad no podemos alejarnos de Él. Está siempre a nuestro alcance, aunque la conducta rebelde y otros tipos de desobediencia nublan su presencia, impidiéndonos sentirle. No obstante, sus cantos de gozo abrirán su corazón, despertarán su mente y afinarán sus oídos a su presencia. La adoración hace que la "nube" se desvanezca y que aumente su sensibilidad para reconocer su presencia. El canal de comunicación se abre de nuevo, para que pueda volver a "sentir" a Dios y su unción.

Alábele por su justo juicio

> *Te alaben los pueblos, oh Dios; todos los pueblos te alaben. Alégrense y gócense las naciones, porque juzgarás los pueblos con equidad, y pastorearás las naciones en la tierra. Te alaben los pueblos, oh Dios; todos los pueblos te alaben.*
>
> (Salmos 67:3–5)

David ha dejado atrás su énfasis en las preocupaciones personales en este momento. Le está pidiendo a Dios que permita que todos los habitantes de la tierra experimenten su gozo y le canten alabanzas porque ellos han encontrado la misma guía, entendimiento, misericordia y justo juicio que David había encontrado en Dios. Él sabía que Dios trataría a todos con la misma misericordia y sabiduría. David quería compartir ese gozo desbordante con todos. Usted puede hacer lo mismo, ¿no cree?

Alábele por su maravillosa creación

> *Alábenle los cielos y la tierra, los mares, y todo lo que se mueve en ellos.* (Salmos 69:34)

Cuando descubrí las maravillas de la creación de Dios, y cuando me fue revelado lo que Él había hecho para redimirla, recibí una nueva visión del mundo que me rodea. Todo en el universo verdaderamente fue creado para alabar a Dios.

¿Quién podría negar la belleza de un árbol con sus ramas alzadas al cielo? ¿Quién podría negar la maravillosa complejidad del cuerpo humano y las formas tan maravillosas en que funciona? Cuando piensa en los cielos con su sol, luna y estrellas, ¿puede negar la belleza, poder y sabiduría de Aquel que los creó? Toda la creación de Dios y el equilibrio de la vida son conmovedores. ¡Toda la creación declara su alabanza!

Alábele por no fallarle nunca

> *Porque tú, oh Señor Jehová, eres mi esperanza, seguridad mía desde mi juventud. En ti he sido sustentado desde el vientre; de las entrañas de mi madre tú fuiste el que me sacó; de ti será siempre mi alabanza. Como prodigio he sido a muchos, y tú mi refugio fuerte.* (Salmos 71:5–7)

El hombre nos puede fallar, pero Dios merece toda nuestra confianza. Él nunca cambia. Él me tomó desde mi nacimiento y cuidó de mí. Él me guió y me ama, a pesar de mis defectos y problemas. Sí, puedo decir que soy "*como prodigio*". Hay personas de mi pasado que no me reconocerían. Les costaría creer lo que Dios ha hecho en mí desde que le permití tomar control de toda mi vida. Dios es mi refugio. ¡Él se ha convertido en mi maestro! ¡Me encanta cada día con Él! ¡Yo no era nada sin Él! ¡Ahora, Él protege mis espaldas!

Que toda la tierra le alabe

Si alguna vez siente que usted es el único que quiere dar gracias a Dios por lo que Él ha hecho, escuche a los ángeles, ya que ellos declaran sus alabanzas todo el día, ¡y se unirán a usted en su gloriosa alabanza! Las huestes angelicales le adoran por lo que Él es, no por lo que ha hecho por ellos. Los ángeles no necesitan su fidelidad como usted y yo. Entonces, ¿no debería alabarle incluso más que ellos? ¿No debería adorarle por lo que Él es?

Así que, ofrezcamos siempre a Dios, por medio de él, sacrificio de alabanza, es decir, fruto de labios que confiesan su nombre.
(Hebreos 13:15)

Dios no "necesita" su alabanza. Él sabe lo importante que es para usted ofrecérsela a Él, incluso aunque sea verdaderamente un "sacrificio de alabanza", cuando no tiene ganas de regocijarse. (Véase Jeremías 33:11). ¡Qué importante es para Dios la alabanza! ¡Qué importantes son la alabanza y la adoración para el creyente! ¡Entre por sus puertas con agradecimiento en su corazón! ¡Entre por sus atrios con alabanza! ¡Bendiga su nombre! ¡Disfrute de su presencia y reciba su fortaleza!

El Salmo 148 ordena la alabanza de todo en todo lugar, no solo del hombre. Literalmente todo lo que Él ha creado tiene que alabarle y exaltar su nombre. ¿Hay alguna duda sobre quién o qué debería alabar a Dios? ¿Tiene que esperar a estar en una iglesia? ¡Mil veces no! Usted debe alabarle en cualquier lugar donde se encuentre, y todo en la tierra y en los cielos debe alabarle.

Aquí tiene algo que quizá no sepa: ¡Dios canta sobre usted! Dice en Sofonías 3:17: *"Jehová está en medio de ti, poderoso, él salvará; se gozará sobre ti con alegría, callará de amor, se regocijará sobre ti con cánticos"*. Dios se regocija sobre sus hijos. ¡Él bendice a sus hijos! ¿Es usted uno de sus hijos? ¡Alabe a Dios! Yo quiero acurrucarme junto a Dios, ¿y usted? Quiero oírle cantar cánticos sobre mí y sobre usted! Mediante esas alabanzas, ¡hay poder y prosperidad! ¿Necesita su poder? ¿Su prosperidad? ¡Sí! Para extender su Palabra, mostrar sus milagros, alcanzar a este mundo herido, ¡necesita sin duda alguna su poder y prosperidad! Por usted mismo, no es nada ni puede hacer nada, pero con Él,

> *¡La alabanza es vital para cada área de su vida! Cuanto más alabe a Dios, más poder derramará Él sobre usted y a través de usted.*

¡puede mover montañas! (Véase Mateo 17:20; 21:21; Marcos 11:23).

¿Hay verdaderamente alguna duda en cuanto a que hay poder en la alabanza? ¡La alabanza es vital para cada área de su vida! Cuanto más alabe a Dios, más poder derramará Él sobre usted y a través de usted. ¡Yo quiero ese poder! ¡Le alabaré todo el día! ¡Le adoraré con todo lo que tengo!

Libere ese poder desde lo más hondo de su espíritu. ¡Siga dándole gracias! Continúe alabándole, y no se detenga. No puedo explicarle del todo lo que ocurre dentro de usted, pero cuando suceda, usted sabrá que el poder de Dios está dentro de usted y brotará desde cada célula de su cuerpo. Después, ¡se levantará el gozo dentro de usted! ¡La paz le sobrecogerá! ¡La sanidad se manifestará por sí sola! ¡La gente a su alrededor se maravillará de lo que le ha ocurrido! ¡Su apariencia cambiará! ¡El gozo del Señor le cubrirá y aliviará sus cargas! ¡Las oportunidades de dar testimonio llamarán a su puerta! Observe cómo Dios trabaja mientras se deleita en sus alabanzas. ¡Pronto tendrá aún más razones para alabarle!

Permanezca en la perfecta voluntad de Él para su vida. Será posicionado para recibir sus bendiciones. Estará abierto a ser obediente a su voz apacible y estará listo para seguir sus instrucciones. Recibirá más y más revelación. No solo será un receptor sino un repartidor. Las bendiciones de Él fluirán a través de usted. Llevará sus bendiciones, su Palabra, su libertad y su poder sanador a la siguiente persona que esté buscando lo que usted ha encontrado.

Mientras alaba, recibirá las bendiciones de Dios; y mientras sigue alabándole en agradecimiento, mantendrá sus bendiciones. ¡El ciclo continuará mientras siga alabando a Dios y reconociendo sus bendiciones! Por eso debe hacerse eco de lo que dijo el salmista: *"Por tanto, a ti cantaré, gloria mía, y no estaré callado. Jehová Dios mío, te alabaré para siempre"* (Salmos 30:12). ¡Siga dándole gracias! Levante una canción incesante de adoración agradecida a Aquel que solo es digno, y nunca perderá su gozo en los milagros que Él le enviará.

¡Oremos!

Padre celestial, recuérdame todas tus obras gloriosas. Padre, quiero tus alabanzas en mis labios de continuo. Cuando te alabo, no puedo quejarme o escuchar las mentiras del enemigo. Quiero un corazón íntegro que viva solo para alabarte y escuchar tu dirección y enseñanza.

Gracias, Padre, por todo lo que has hecho por mí y por mi familia. Estoy buscando más y más de tu fortaleza, Dios, más y más de ti. Alabarte y adorarte, Padre, mantendrá mi mente clara para oír tu dirección, para que el Espíritu Santo me enseñe tus caminos, y para permitir que Jesús actúe a través de mí para liberar a los cautivos y ministrar sanidad y liberación a los enfermos.

Te alabo, Padre, por todas las cosas milagrosas que has hecho. Te adoro, Padre, solo por ser tú. Eres la autoridad sobre todas las cosas. Estás en todo lugar siempre. No puedo entender por completo todo lo que eres, pero sé que eres mi Padre celestial que solo quiere lo mejor para mí.

Me levantaré cada mañana con tus alabanzas en mis labios y caminaré en fe todo el día. Padre, guiado por ti en cada paso que dé, con cada palabra que proclame, y con cada persona que toque.

Te alabo, Padre, porque eres mi Señor, ¡Tú eres mi todo! ¡Entraré por tus puertas con agradecimiento cada día, Señor! ¡Entraré por tus atrios con alabanza y gratitud! ¡Bendeciré tu santo nombre con todo mi ser! ¡Gracias, Padre! ¡Amén y amén!

PARTE III:

RETIRE LOS OBSTÁCULOS PARA RECIBIR

9

DESHÁGASE DE LA "ROPA SUCIA"

"Andad como hijos de luz (porque el fruto del Espíritu es en toda bondad, justicia y verdad), comprobando lo que es agradable al Señor. Y no participéis en las obras infructuosas de las tinieblas".

—Efesios 5:8–11

Hacer la colada es una tarea para toda la vida. Tan frecuentemente como se necesite, ya sea diariamente, semanalmente o mensualmente, usted recoge la ropa de hogar sucia por toda la casa para lavarla. Algunas prendas, como calcetines y ropa interior, las lava de manera regular. Otras, como manteles y cortinas, quizá los lave con menos frecuencia. Debajo de las camas, de los armarios, baño, cocina, bolsas de deporte y el cesto de la ropa para lavar... los obstinados artículos parecen esconderse a veces en los lugares más raros. Puede que estén perdidos durante mucho tiempo. Si una prenda sucia, como un calcetín sudado, está fuera de nuestra vista el tiempo suficiente, es probable que el polvo y el moho surjan y se extiendan. Al cabo del tiempo, el olor le alertará de que algo no está bien. Con suerte, podrá localizar la prenda y lavarla, o quizá tirarla, antes de que el hedor inunde toda la casa.

Cualquiera que entre en esa habitación sabe que algo no está bien, pero no puede identificar la causa. Usted mira alrededor pero no examina cada palmo y rincón. La vida es muy demandante; ya mirará después. ¿Desaparece el problema? No, sigue escondido, hasta que un día esté buscando algo y de repente descubra por casualidad el lío que ha formado esa prenda sucia. Ahora que es consciente de ello, puede ocuparse, limpiarlo y deshacerse de ello, para no volver a verlo ni olerlo más.

Ocurre algo parecido con los pecados. Ocurre a menudo que usted da lugar a algún pecado secreto, se olvida de ello y no se ocupa de arrepentirse o pedir perdón. Quizá es porque piensa que ese "pequeño" pecado no tendrá consecuencias, que Dios no retirará ningún bien de usted por una ofensa tan pequeña.

Es el momento de deshacerse de la "colada sucia" escondida en su vida. ¿Cómo conozco estas cosas? Porque todo el mundo, yo incluida, se enfrenta al desafío de encontrar y eliminar todo lo que esté cortando las bendiciones de Dios de nuestra vida.

Hace años, tras dieciocho años copastoreando una iglesia, le rogué a Dios que me revelara qué estaba bloqueando sus bendiciones sobre la congregación. Él fue fiel en responder a mi clamor, aunque mis peticiones se convirtieron en lloros al descubrir las aventuras homosexuales de mi esposo.

¡Eso sí es airear la "ropa sucia"! Una vez expuesto, este pecado secreto suyo se extendió por todos los lugares donde yo iba. El enemigo quería destruir cada parte de mi vida: mi matrimonio, mi casa, mis hijos, mi iglesia, mis amigos y más. De hecho, me quería muerta. Incluso intentó asignar un cáncer a mi cuerpo para cerrar el trato.

El enemigo se infiltra muy astuta y sutilmente para destruir una vida y desacreditar un testimonio cristiano. Por eso es muy importante que usted le pida da Dios diariamente que le revele cualquier pecado oculto en su vida. Quizá es un hábito que desarrolló en su infancia. Quizá se metió un pensamiento del pasado en su mente para recordarle las cosas tan carnales que hacía antes de invitar a Jesús a su vida. ¡No puede darse el lujo de permitir que los pecados ocultos bloqueen sus bendiciones! Cuando usted se lo pide, Dios, a través de su Espíritu Santo, revelará cualquier cosa que tenga que cambiar, y después le dará la gracia para implementar el cambio.

Eliminar los pecados secretos

Pecado es cualquier cosa que desafía a Dios y abre la puerta para que el enemigo entre en su vida: desobediencia, rebeldía, amargura, ira, rencor, falta de perdón, perversión sexual, adicción, alcoholismo y cosas así.

La conducta pecaminosa no solo le da al enemigo acceso a su vida, sino que también permite sus ataques en forma de enfermedades que asolan su cuerpo. El pecado recurrente, si no se produce un

La conducta pecaminosa no solo le da al enemigo acceso a su vida, sino que también permite sus ataques en forma de enfermedades que asolan su cuerpo.

arrepentimiento, pone aún más distancia entre usted y Dios, hasta que comienza a preguntarse si Él sigue presente en su vida. Cada ocasión de pecado es como una capa de niebla, que se acumula hasta el punto en que la nube bloquea su visión, haciendo que se sienta totalmente solo. Paso a paso insidiosamente, usted se ha alejado de Él: de su presencia, su protección y su provisión abundante para usted.

Pero no tiene que ser así. Mediante la confesión y el arrepentimiento, puede regresar a Dios y regresar a una posición en la que pueda recibir sus bendiciones. Cuando su Espíritu Santo vino a vivir dentro de usted, se vistió del *"nuevo hombre"*, un proceso que Pablo describió bien en su carta a la iglesia de Éfeso:

> *Mas vosotros no habéis aprendido así a Cristo, si en verdad le habéis oído, y habéis sido por él enseñados, conforme a la verdad que está en Jesús. En cuanto a la pasada manera de vivir, despojaos del viejo hombre, que está viciado conforme a los deseos engañosos, y renovaos en el espíritu de vuestra mente, y vestíos del nuevo hombre, creado según Dios en la justicia y santidad de la verdad.* (Efesios 4:20–24)

Limpie el corazón

> *Sobre toda cosa guardada, guarda tu corazón; porque de él mana la vida.* (Proverbios 4:23)

> *Y al que sabe hacer lo bueno, y no lo hace, le es pecado.* (Santiago 4:17)

Pero debe mantener su corazón puro ante Dios si quiere recibir sus bendiciones. Llevarle cada pecado mediante la confesión y el arrepentimiento cierra las puertas mediante las que el enemigo podría de otra forma tener acceso a atacarle. También le libera del pecado, para que ya no tenga poder sobre usted. Este paso no es un asunto de condenación sino de autoevaluación. Puede que Dios le dé convicción, pero nunca le traerá condenación. Debe desalojar al pecado de su vida. Reconózcalo, arrepiéntase de ello, ¡y sáquelo a patadas!

Las oraciones de pureza son muy importantes. David le pidió a Dios que le limpiase, no solo de los pecados conocidos, sino también de las faltas ocultas:

> *¿Quién podrá entender sus propios errores? Líbrame de los que me son ocultos. Preserva también a tu siervo de las soberbias; que no se enseñoreen de mí; entonces seré íntegro, y estaré limpio de gran rebelión.* (Salmos 19:12–13)

Esta actitud agrada a Dios, que llamó a David "*varón conforme a mi corazón, quien hará todo lo que yo quiero*" (Hechos 13:22). Usted puede seguir el ejemplo de David y orar salmos como estos:

> *Crea en mí, oh Dios, un corazón limpio, y renueva un espíritu recto dentro de mí.* (Salmos 51:10)

> *Examíname, oh Dios, y conoce mi corazón; pruébame y conoce mis pensamientos; y ve si hay en mí camino de perversidad, y guíame en el camino eterno.* (Salmos 139:23–24)

Cuando invite al Espíritu Santo a escudriñar su corazón, debería estar preparado para hacer frente a cosas muy feas, ¡pero gloria a Dios que Él promete olvidarse de todas ellas! Dios dice a sus hijos: "*Porque seré propicio a sus injusticias, y **nunca más me acordaré** de sus pecados y de sus iniquidades*" (Hebreos 8:12; véase también Hebreos 10:17).

Limpie el hogar

La siguiente área que tiene que purgar de la influencia de Satanás es el lugar donde usted vive. Dios promete renovar su espíritu cuando usted "limpie la casa", según el siguiente mandamiento:

> *Ellos volverán a su tierra y echarán de allí a los ídolos detestables y pondrán fin a las prácticas repugnantes. Yo les daré un corazón íntegro, y pondré en ellos un espíritu renovado. Les arrancaré el corazón de piedra que ahora tienen, y pondré en ellos un corazón de carne, para que cumplan mis decretos y pongan en práctica mis leyes. Entonces ellos serán mi pueblo, y yo seré su Dios. Pero a los que van tras esos ídolos detestables y siguen prácticas repugnantes, yo les pediré cuentas de su conducta.* (Ezequiel 11:18–21, NVI)

Pídale a Dios que le muestre qué es, si hay algo, lo que debería eliminar de su casa. Puede que el objeto haya sido un regalo que recibió hace muchos años de un amigo. Aunque sea así, cualquier cosa con una influencia espiritual negativa no es algo que deba tener en su hogar.

El enemigo es astuto y callado. Debe tratar todo lo que interrumpa su paz y deteriore su relación con su Padre celestial, y rápidamente.

Su primera defensa debería ser orar por todo artículo que entre en su casa. Declare todo objeto limpio y libre de todo lo que pudiera obstaculizar o dañar su casa o a los que viven en ella. Algunas influencias espirituales negativas entran sutilmente, mediante televisión, computadora, radio y otros aparatos tecnológicos. El enemigo es astuto y callado. Debe tratar todo lo que interrumpa su paz y deteriore su relación con su Padre celestial, y rápidamente.

Los espíritus no deseados pueden llegar a su vida por medio de compañeros de trabajo, vecinos, amigos e incluso familiares. ¿Le estoy diciendo que evite o se aleje de otras personas? No, tan solo sepa que el enemigo a veces usa a otras personas para acercarse a usted e interrumpir su caminar con Dios. Si cierto individuo parece tener una influencia negativa en su vida, quizá tenga que evitarle y de algún modo eliminar a esa persona de su círculo inmediato. Dios debe ser lo primero.

¿Cómo pueden las cosas espirituales adherirse a los objetos? ¿Alguna vez ha usado un paño de oración o ha orado sobre uno y después se lo ha dado a alguien? Los paños de oración ungidos se usan con mucha frecuencia. Son bíblicos; el apóstol Pablo los usó, y tenían un gran efecto (véase Hechos 19:11–12), y pueden ser muy poderosos para canalizar la unción de Dios. Sin embargo, también pueden ser herramientas de destrucción en manos del enemigo. Las oraciones impías actúan del mismo modo.

Una vez que su casa está limpia, tiene la responsabilidad de mantenerla libre de basura. Por "basura" me refiero no a los productos de desecho. La "basura" de la que hablo consiste en las influencias pecaminosas que entran mediante visitantes en su casa, así como mediante música satánica que pueda escuchar, palabras de engaño y odio que pueda leer, programas de televisión inapropiados o contenido de la Internet que pueda visualizar, y cosas así.

> *Y él dijo: Antes bienaventurados los que oyen la palabra de Dios, y la guardan.* (Lucas 11:28)

Deshágase del rencor

> *Porque si perdonáis a los hombres sus ofensas, os perdonará también a vosotros vuestro Padre celestial; mas si no perdonáis a los hombres sus ofensas, tampoco vuestro Padre os perdonará vuestras ofensas.* (Mateo 6:14–15)

> *Y cuando estéis orando, perdonad, si tenéis algo contra alguno, para que también vuestro Padre que está en los cielos os perdone a vosotros vuestras ofensas.* (Marcos 11:25)

Uno de los mayores obstáculos para recibir de Dios es la falta de perdón. Cierra la puerta a las bendiciones del cielo y también estorba las oraciones. Por ejemplo, si un esposo y su esposa están teniendo problemas, sus oraciones no llegarán al cielo.

> *Vosotros, maridos, igualmente, vivid con ellas sabiamente, dando honor a la mujer como a vaso más frágil, y como a coherederas de la gracia de la vida, para que vuestras oraciones no tengan estorbo.* (1 Pedro 3:7)

Si está casado, me gustaría hacerle una pregunta importante. Si Jesús estuviera de pie delante de usted, ¿sería desagradable con Él o discutiría con Él? Claro que no. Le trataría con el máximo respeto y honor. Si su cónyuge es cristiano, Jesús vive en él o ella, ¿no es así? Cuando usted mira a su cónyuge, está mirando a los ojos de Jesús. Cuando toca a su cónyuge, la mano de Jesús que vive en usted está tocando al Jesús que vive en su cónyuge. Si está mirando a su esposo o esposa, que es el regalo de Dios para usted, con otra cosa que no sea tierno amor, el enemigo le ha engañado.

Si está mirando a su esposo o esposa, que es el regalo de Dios para usted, con otra cosa que no sea tierno amor, el enemigo le ha engañado.

Jesús dijo: *"Porque donde están dos o tres congregados en mi nombre, allí estoy yo en medio de ellos"* (Mateo 18:20). Dios no dice que Él le abandona o le ignora. Él está siempre presente, pero el desacuerdo y el rencor podrían nublar o incluso bloquear las bendiciones que Él quiere derramar sobre su matrimonio. Usted decide el que sus bendiciones fluyan, ¡así que póngase de acuerdo y permanezca ahí!

Su cónyuge fue probablemente lo mejor que jamás le ocurrió. Usted creyó que Dios escogió a esa persona para usted e hizo sus votos delante de Él y de testigos terrenales. Esa misma persona sigue estando ahí, aunque él o ella pueda estar escondido tras las mentiras del enemigo. Perdone y olvide, y ame al Jesús en su cónyuge. Jesús puede reconciliar su relación, y lo hará. Ninguna persona tiene la culpa. Por lo general, las mentiras han venido de ambos lados. Escuche la voz de Dios y ore por el otro. Ábrase y reciba el amor del otro como si fueran unos jóvenes enamorados que se acaban de conocer. Dios avivará sus sentimientos y restaurará su relación. Él quiere bendecir su unión. Abra las ventanas de los cielos y extienda sus brazos para recibir las bendiciones que Él está a punto de derramar sobre usted.

Busque la paz. Dios es un Dios de paz, amor y orden. Él no es el autor del caos. Siga la paz en cada situación, y manténgase lejos de la falta de perdón y la disputa.

La división de cualquier tipo debilita una relación. El dicho "divide y vencerás" es una verdad espiritual muy fuerte. Hay fuerza en los números. Dios nos enseña a juntarnos para orar, compartir y cuidar los unos de los otros. Nos fortalecemos y animamos unos a otros en los caminos y principios de Dios. Solos, somos débiles y nos engañan fácilmente las mentiras del mundo. De nuevo, Dios sabe mejor lo que sus hijos deberían hacer para permanecer sanos dentro del reino.

Mi esposo, Kelley, compartió los siguientes dos testimonios acerca del rencor.

> Una señora con artritis grave llegó buscando alivio de su dolor y movilidad restringida. Tras hablar con ella, se destapó un rencor muy arraigado. La oración para perdonar su dolor de tanto tiempo y su trauma produjo un alivio destacable pero no completo. Fue enviada a casa para terminar el proceso de sanidad. A menudo hay muchos recuerdos que no vienen a la mente con rapidez. Cuando los recuerde, trate con ellos rápidamente. Pida perdón.

Una persona de Tulsa, Oklahoma, pasó al frente pidiendo oración. Tenía casi todas sus articulaciones afectadas por cambios artríticos serios. Un miembro del equipo oró, pero no ocurrió nada. Esta persona del equipo volvió a orar, y no ocurrió nada. La oración no funcionaba. Otro miembro del equipo de sanidad siguió ministrando a esta persona, y finalmente fue revelado que esta persona albergaba rencor hacia varias personas que habían causado un serio dolor en el pasado. La sanidad llegó al perdonar esas ofensas del pasado. No fue necesaria más oración; esta sanidad estaba directamente relacionada con el rencor.

Aléjese de las malas influencias

Por tanto, nosotros también, teniendo en derredor nuestro tan grande nube de testigos, despojémonos de todo peso y del pecado que nos asedia, y corramos con paciencia la carrera que tenemos por delante. (Hebreos 12:1)

Después le halló Jesús en el templo, y le dijo: Mira, has sido sanado; no peques más, para que no te venga alguna cosa peor. (Juan 5:14)

Absteneos de toda especie de mal. (1 Tesalonicenses 5:22)

En la medida en que sea posible, debería mantenerse alejado de las influencias que debiliten su decisión de vivir en santidad y pureza ante el Señor. Esas influencias incluyen personas, lugares, páginas web, películas y libros. Por ejemplo, alcohólicos recuperados deberían mantenerse lejos de las licorerías, bares y restaurantes donde sirvan alcohol. También serían sabios si rechazaran las invitaciones que les pudieran hacer para cenas y bailes donde se consumirán las bebidas prohibidas.

De igual forma, si la perversión sexual y/o la pornografía es una debilidad, la persona debería evitar estar sola con una persona del sexo opuesto. La mayoría de los pastores que conozco viajan con al menos otra persona del mismo sexo, para dar cuentas. Lo mejor que puede hacer es apartarse de la tentación, no dándole lugar así a que le seduzca.

Corrija sus prioridades

Una señora vino a mí pidiendo oración. Un accidente le había aplastado su mano y sus dedos, y no podía moverlos nada. Los dedos de una mano estaban juntos con varios fijadores, además de las vendas. Tras la oración, su dolor disminuyó hasta un grado muy bajo, y empezó a tener algo de movilidad en los dedos. Seguí orando, pero no se consiguió nada; su sanidad no progresó más.

Tras seguir indagando, supe que esta señora había sufrido el accidente mientras esquiaba en una parte del país donde no hay nieve muy a menudo. En su deseo de aprovecharse de las cuestas nevadas, faltó a la iglesia. Le dirigí en una oración de arrepentimiento, en la cual pidió perdón a Dios por desobedecerle al no estar donde Él quería que estuviese. Al instante, el dolor desapareció y consiguió la movilidad total en sus dedos.

Cultive la humildad, no el orgullo

> *Humillaos, pues, bajo la poderosa mano de Dios, para que él os exalte cuando fuere tiempo.* (1 Pedro 5:6)

El orgullo fue el pecado que lanzó a Satanás al infierno. (Véase Isaías 14:12–15). Muchas personas le restan importancia, ¡pero para Dios el orgullo es algo serio! ¿No me cree? Piense en los siguientes versículos:

> [Dios dice:] *"No sufriré al de ojos altaneros y de corazón vanidoso".* (Salmos 101:5)

Reprendiste [Dios] a los soberbios, los malditos, que se desvían de tus mandamientos. (Salmos 119:21)

Seis cosas aborrece Jehová, y aun siete abomina su alma: ***Los ojos altivos****, la lengua mentirosa, las manos derramadoras de sangre inocente, el corazón que maquina pensamientos inicuos, los pies presurosos para correr al mal, el testigo falso que habla mentiras, y el que siembra discordia entre hermanos.* (Proverbios 6:16–19)

Jehová asolará la casa de los soberbios. (Proverbios 15:25)

Dios resiste a los soberbios, y da gracia a los humildes. (Santiago 4:6; 1 Pedro 5:5)

Nadie con un espíritu de orgullo debería esperar recibir bendiciones de Dios. ¡La buena noticia es que la actitud contraria al orgullo provoca grandes bendiciones en su vida! Estas son una muestra de las promesas para aquellos que viven en un espíritu de humildad:

El deseo de los humildes oíste, oh Jehová; tú dispones su corazón, y haces atento tu oído. (Salmos 10:17)

Jehová exalta a los humildes. (Salmos 147:6)

Porque Jehová tiene contentamiento en su pueblo; hermoseará a los humildes con la salvación. (Salmos 149:4)

Riquezas, honra y vida son la remuneración de la humildad y del temor de Jehová. (Proverbios 22:4)

> *La soberbia del hombre le abate; pero al humilde de espíritu sustenta la honra.* (Proverbios 29:23)

> *Humillaos delante del Señor, y él os exaltará.* (Santiago 4:10)

Claramente, ser humilde tiene muchos beneficios. En verdad, ¡el espíritu de humildad capta la atención de Dios! La razón se debe a que al actuar, pensar, hablar y conducirse con humildad, usted está siguiendo el ejemplo del Hijo de Dios, Jesucristo. El paradigma de la humildad, Él *"se humilló a sí mismo, haciéndose obediente hasta la muerte, y muerte de cruz"* (Filipenses 2:8). Y ¿cuál fue el resultado de la humildad de Jesús?

> *Por lo cual* [por el humilde sacrificio propio de Jesús al morir en la cruz por nuestros pecados] *Dios también le exaltó hasta lo sumo, y le dio un nombre que es sobre todo nombre, para que en el nombre de Jesús se doble toda rodilla de los que están en los cielos, y en la tierra, y debajo de la tierra y toda lengua confiese que Jesucristo es el Señor, para gloria de Dios Padre.* (Filipenses 2:9–11)

Jesús fue exaltado hasta lo más alto después de humillarse hasta lo más bajo. La humildad, no el orgullo, la arrogancia o el interés propio, ¡debería ser su enfoque! Cuando usted sigue las pisadas de Jesús, capta la atención de Dios y provoca un derramamiento de sus bendiciones.

> *Si en mi corazón hubiese yo mirado a la iniquidad, el Señor no me habría escuchado. Mas ciertamente me escuchó Dios; atendió a la voz de mi súplica. Bendito sea Dios, que no echó de sí mi oración, ni de mí su misericordia.* (Salmos 66:18–20)

¿Con quién anda usted? ¿Escucha basura? ¿Está comiendo en la mesa equivocada? Lo que usted deja entrar es lo que saldrá. Cuanto más tiempo esté con las personas incorrectas y en los lugares incorrectos, esa basura le afecta a usted y a su vida. Sus palabras cambian. Su actitud cambia. Su fe en la Palabra de Dios se encoje hasta ser como una pelusa debajo de la cama en el rincón más apartado.

Los limpios de corazón verán a Dios

> *Bienaventurados los de limpio corazón, porque ellos verán a Dios.* (Mateo 5:8)

Permanezca en la justicia. Aférrese a ella con una fe tenaz. No escuche las voces negativas del enemigo que quiere destruirle. Usted está cumpliendo los Diez Mandamientos, ¿es lo que usted dice? ¡Fantástico! Siga así. Hay mucho más que aprender. Los Diez Mandamientos son como un currículo de primer grado, lo básico. A medida que madura hacia la graduación, se espera mucho más. Cada paso de su crecimiento cristiano le llevará a un nuevo nivel, mientras aprenda las lecciones y pase los exámenes.

Un niño no reconoce el montón de ropa sucia en una esquina o escondido bajo una cama. No tiene ni idea de lo que pueden hacer los gérmenes, aún no tiene conciencia de la lenta destrucción y desintegración del entorno. Como cristiano adulto o maduro, tiene que estar dispuesto a examinarse tanto usted como su entorno. Debe estar listo para *"cazadnos las zorras, las zorras pequeñas, que echan a perder las viñas"* (Cantares 2:15). ¡Esté preparado y listo para deshacerse de su ropa sucia! Hacerlo le sitúa en una posición para recibir los milagros y las bendiciones que Dios tiene preparados para usted.

10

SALGA DE LOS LÍMITES DE LA RELIGIÓN

"Sabiendo que fuisteis rescatados de vuestra vana manera de vivir, la cual recibisteis de vuestros padres, no con cosas corruptibles, como oro o plata, sino con la sangre preciosa de Cristo, como de un cordero sin mancha y sin contaminación".
—1 Pedro 1:18–19

Acabamos de hablar de las formas en que las conductas pecaminosas pueden impedirle recibir de Dios. Muchas veces, no recibe los milagros de Dios debido a maneras incorrectas de pensar, maneras que no son pecaminosas en sí mismas pero que no producen el corazón de fe que recibe de Dios.

La sanidad y la liberación fueron una parte integral del ministerio de Jesús. Sin embargo, de algún modo, con el paso del tiempo, los principales elementos del liderazgo cristiano han cambiado a la enseñanza, consejería y administración. Muchos líderes cristianos nunca oran por los enfermos porque temen los informes de incredulidad y negativos que podrían surgir entre aquellos cuya sanidad no se manifiesta de inmediato. Estos líderes o bien relegan esta área de ministerio a otros o la ignoran por completo.

De esta forma, la tradición de los hombres hace que la Palabra de Dios sea ineficaz y le roba la relevancia en la vida cotidiana. Como resultado, muchas iglesias hoy día se han visto impotentes, y continúan reforzando su propia debilidad evitando la verdad e "*invalidando la palabra de Dios*" (Marcos 7:13); véase también Mateo 15:6), como Jesús dijo a los fariseos y escribas que hacían.

Cuando hablo de "religión", no me refiero a la verdadera fe cristiana. Jesús dijo: "*La religión pura y sin mácula delante de Dios el Padre es esta: Visitar a los huérfanos y a las viudas en sus tribulaciones, y guardarse sin mancha del mundo*" (Santiago 1:27). Por "religión" me refiero a tradiciones hechas por los hombres y rituales secos que carecen de todo significado espiritual.

El apóstol Pablo dijo algo similar en su carta a los Colosenses:

> *Pues si habéis muerto con Cristo en cuanto a los rudimentos del mundo, ¿por qué, como si vivieseis en el mundo, os sometéis a preceptos tales como: No manejes, ni gustes, ni aun toques (en conformidad a mandamientos y doctrinas de hombres), cosas que todas se destruyen con el uso? Tales cosas tienen a la verdad cierta reputación de sabiduría en culto voluntario, en humildad y en duro trato del cuerpo; pero no tienen valor alguno contra los apetitos de la carne.* (Colosenses 2:20–23)

Duda e incredulidad

La abrumadora mayoría de cristianos nunca han visto a alguien ser sanado milagrosamente. Nunca han orado con éxito por una sanidad, ni han visto a nadie hacerlo. Dudan de lo que han visto en televisión e ignoran cualquier testimonio que informe de algún tipo de milagro. Y cuando se produce un milagro, se dicen a sí mismos que es mera coincidencia o una reacción histérica.

Sí, para los cristianos en la sociedad occidental, Dios normalmente suele ser el último recurso. Cuando los doctores mencionan palabras como "incurable" y "fatal", un paciente que asiste a una congregación quizá tenga que ir más allá de su propia congregación y pastor en busca de oración. Muchas personas no reciben las sanidades y milagros que están disponibles para ellos porque rehúsan tener fe en tales cosas. Dudan de Dios, quedándose así sin alcanzar el final del recorrido.

Los líderes cristianos que valoran el conocimiento bíblico por encima de todo lo demás, incluyendo las experiencias sobrenaturales, se sorprenden cuando ven a jóvenes cristianos orando por los enfermos con éxito. El celo y la emoción de alguien que acaba de convertirse, de ser sanado y liberado a menudo se desborda cuando él o ella fervientemente, y con bastante éxito, impone manos sobre los enfermos y ve milagros y sanidades. La fe sencilla de un niño puede traer y traerá sanidad.

El escepticismo acerca de las sanidades milagrosas no es una moda reciente. Había escépticos incluso en los días de Jesús. Piense en el relato previamente mencionado bajo el milagro nº17, narrado en Marcos 5:22–24, 35–42; Mateo 9:18–19, 23–26; y Lucas 8:41–42, 49–56. La hija de Jairo estaba a punto de morir. Él le rogó a Jesús que fuera a su casa e impusiera manos sobre ella para que viviera. Jesús reconoció su fe y fue con él. Vio a todos los que lloraban afuera e intentó consolarles.

> [Jesús] *les dijo: ¿Por qué alborotáis y lloráis? La niña no está muerta, sino duerme. Y se burlaban de él. Mas él, echando*

fuera a todos, tomó al padre y a la madre de la niña, y a los que estaban con él, y entró donde estaba la niña. Y tomando la mano de la niña, le dijo: Talita cumi; que traducido es: Niña, *a ti te digo, levántate. Y luego la niña se levantó y andaba, pues tenía doce años. Y se espantaron grandemente.*

(Marcos 5:39–42)

Los tres Evangelios en los que se cuenta esta historia aportan el detalle de que la gente se rió cuando Jesús dijo que la niña no estaba muerta, sino dormida. Lo mismo ocurre hoy: la gente se mofa de cualquier comentario concerniente al poder de Dios para sanar.

Hemos visto esta reacción especialmente en las sanidades televisadas. Muchos espectadores se ríen cuando oyen a alguien decir: "En el nombre de Jesús" o "Reciba su sanidad, en el nombre de Jesús". Nada ha cambiado desde los tiempos de Jesús. Ni tampoco lo ha hecho Jesucristo; Él *"es el mismo ayer, y hoy, y por los siglos"* (Hebreos 13:8). El mundo se rió entonces, y se sigue riendo hoy; ¡pero nosotros ganamos! ¡Aleluya!

Otro punto interesante en estos relatos es que Jesús echó fuera a los que se reían. Los "puso afuera". (Véase Mateo 9:25; Marcos 5:40; Lucas 9:54). Sabía que no tenían la fe necesaria para sanar a la niña. ¿No sería maravilloso si tuviéramos el valor y el coraje hoy día de "poner afuera" a todo aquel que se riese cuando estuviéramos hablando del poder de Dios? Si hay una interrupción o revés en su milagro, ¡no se rinda! Tan solo siga creyendo que está en camino.

Disponible para todos los creyentes

Al término de cada reunión que hacían mis padres, mi padre Charles Hunter, ministraba salvación, seguido del bautismo del Espíritu Santo. Después pedía un voluntario de entre el grupo de nuevos convertidos y bautizados. Guiado por las palabras de mi padre, el voluntario imponía manos sobre alguien que necesitase un milagro, y se manifestaba. Noche tras noche, este proceso era una demostración poderosa de la verdad de que "si Charles y Frances podían hacerlo, ¡usted también podía!". Incluso los niños experimentaban el gozo de permitir que el poder sanador de Dios fluyese a través de sus pequeñas manos hacia los adultos, con el resultado de la manifestación de una sanidad milagrosa justo delante de sus pequeños ojos.

Experimentado o inexperto, anciano o joven, hombre o mujer, todos los hijos de Dios pueden ser capacitados para ministrar sanidad unos a otros, así como a sí mismos. ¿Por qué no hay más personas que conocen este aspecto importante del ministerio? Porque no han experimentado de primera mano el poder de Dios para sanar.

Experimentado o inexperto, anciano o joven, hombre o mujer, todos los hijos de Dios pueden ser capacitados para ministrar sanidad unos a otros, así como a sí mismos.

Durante muchos, muchos años, la iglesia no enseñó que la sanidad y los milagros estaban disponibles para los creyentes. La idea del poder de Dios para sanar se convirtió en algo extraño y misterioso. Incluso el bautismo del Espíritu Santo se llamó "demoniaco" y se consideró algo a evitar. Lo sobrenatural se evitó en las principales corrientes cristianas en vez de recibirlo como una realidad de cada día para el creyente promedio. Los líderes cristianos deliberadamente ignoraron toda esta faceta del ministerio de Jesús, y cualquiera que creyera que las bendiciones milagrosas de Dios estaban disponibles en la actualidad era objeto de burla.

¡Gracias a Dios que algunos se aferraron a sus creencias y proclamaron con osadía la verdad a través de los siglos! La Biblia no es vaga en sus enseñanzas sobre lo sobrenatural, incluyendo las sanidades milagrosas. No puede darse el lujo de tener vergüenza o ser selectivo en sus creencias, ¡no lo haga! De tapa a tapa, la Biblia es verdad. Pídale a Dios que abra sus ojos a la verdad, la verdad real, enteramente. La verdad es que si tiene al Espíritu Santo de Dios viviendo en usted, no solo es posible un mayor entendimiento de las Escrituras, sino que está prometido. (Véase Juan 16:7, 13–14).

Más que mero conocimiento

Repito: la vida cristiana no se debe confinar solo al mero estudio de la Biblia, con el resultado de conocer sin aplicar. El verdadero cristianismo es un viaje maravilloso, una experiencia continua del poder sobrenatural de Dios viviendo y actuando a través de usted. La dependencia diaria de Dios es un elemento necesario. No quedará atrapado en la teología contra lo sobrenatural y/o un estilo de vida no sobrenatural donde solo necesita a Dios ocasionalmente. No evitará lugares donde se producen sanidades. En cambio, buscará activamente el mover emocionante de Dios y saltará en medio del mismo. Participará, no solo observará.

¿Qué le está impidiendo hacer la religión? No deje que le robe una relación profunda y significativa con su Padre celestial.

Cuando regresaba un día a casa, hablé con una vecina y dije: "Vengo de una reunión de milagros, ¡fue magnífico!".

"Vaya", dijo ella, "todas esas personas que se caen al suelo están poseídas".

Los que argumentan que Dios envía la enfermedad como un medio de instrucción están empapados en legalismo, el cual desinfla el tipo de fe necesaria para ver o experimentar su poder sanador milagroso.

¡Nada podría estar más lejos de la verdad! Alguien que confunde una manifestación milagrosa con una posesión demoniaca nunca ha experimentado ni ha sido testigo de lo sobrenatural. Cuando le ocurre esto, uno queda tan lleno del Espíritu Santo que no puede permanecer de pie. Se desmaya ante la abrumadora grandeza de la presencia de Dios cuando Él le cubre y cortocircuita su sistema nervioso central. De repente, se encuentra tumbado pacíficamente en el suelo mientras el poder de Dios fluye a través de usted.

Si no se tiene el conocimiento necesario para entender ese tipo de experiencia, se verá con ojos naturales y se interpretará con el limitado entendimiento del hombre, y nunca estaremos preparados para recibir todas las bendiciones que Dios ha planeado para nosotros.

En cierta ocasión, mis hijos dijeron: "Sabes, mamá, deberías dejar el ministerio. Estás bajo un ataque muy grande. Déjalo".

Seré la primera en admitir que me han noqueado unas cuantas veces. He pisado unos cuantos hoyos durante el camino. Sin embargo, cuando eso ocurre, me vuelvo a levantar, me sacudo el polvo y continúo. Eso es lo que se supone que se debe hacer. El diablo quizá intente estorbarme, y el hombre puede ponerme la zancadilla, pero yo me levanto y continúo. Estas áreas de ataque se produjeron por las decisiones de otros, ¡no por Dios!

Ideas legalistas de la sanidad

¿Realmente piensa que es la voluntad de Dios que todos se sanen? ¿O cree que Dios le aflige con enfermedad para "enseñarle una lección"? La verdad es que Dios quiere sanar a todos sus hijos, usted incluido. Y Él no envía la enfermedad, porque Él solo da cosas buenas. Recuerde: "*Toda buena dádiva y todo don perfecto desciende de lo alto, del Padre de las luces, en el cual no hay mudanza, ni sombra de variación*" (Santiago 1:17).

Los que argumentan que Dios envía la enfermedad como un medio de instrucción están empapados en legalismo, el cual desinfla el tipo de fe necesaria para ver o experimentar su poder sanador milagroso.

Idea incorrecta nº1: La sanidad no es para hoy

Me encanta contar la historia de uno de los primeros grandes milagros que se produjo en los primeros días ministeriales de mis padres. Poco después de haber recibido el bautismo del Espíritu Santo, fueron a una iglesia donde la gente no era consciente de esta experiencia. Mi madre iba a hacer una pequeña presentación sobre cómo hacer que la Biblia cobre vida; pero cuando ella y mi padre iban de camino a la iglesia, Dios les dijo: "¡Quiero que compartan que la sanidad es para hoy!".

¡Qué día tan tremendo de milagros! Una ancianita de setenta años estaba encorvada por la osteoporosis de tal forma que solo se podía ver su espalda mientras caminaba por el pasillo. Ellos declararon sanidad sobre ella, y fue tocada por el Espíritu bajo el poder de Dios. Cuando le ayudaron a tumbarse en el suelo, se produjo un "chasquido" tremendo; ¡y cuando se levantó, era varios centímetros más alta! Ya no tenía una "joroba" en la espalda; ¡estaba tan recta como una flecha!

Siempre se había sentado en la primera fila de la iglesia porque estaba tan encorvada que no cabía entre dos bancos. El domingo por la mañana, se sentó en su lugar habitual; esta vez, sin embargo, ¡estaba sentada erguida! El mensaje del pastor esa mañana se titulaba "La sanidad no es para hoy". Cada vez que decía esa frase, ella decía: "¡Aleluya!". Él siguió: "La sanidad es del diablo", y ella respondió: "¡Aleluya!". Mis padres regresaron a esa iglesia años después y supieron que la ancianita había mantenido su sanidad. ¡Aleluya!

Idea incorrecta nº2: Dios no quiere necesariamente sanarle

En una reunión en San Diego, California, una señora se acercó a mí y me dijo que tenía dolor en varias partes de su cuerpo. Oré por la primera zona, y el dolor se fue. Oré por la segunda, y fue sanada. Después oré por la última zona. No ocurrió nada. Volví a orar. De nuevo, no ocurrió nada. Le pedí a un miembro del equipo de sanidad que se fuera con la señora a un lado, a una zona privada para seguir orando y ministrando, donde la señora reveló que creía que los cristianos siempre debían tener dolor, para recordarles lo que Jesús había sufrido. Fue algo que le habían enseñado en la iglesia, y estaba bloqueando su fe para obtener una sanidad completa.

La persona de mi equipo le explicó que había estado creyendo una mentira, y después le guió en oración para renunciar a esa idea incorrecta. Cuando se completaron estos pasos, el dolor que permanecía desapareció por completo. Fue totalmente sanada, todo porque había sido liberada de la trampa de la incredulidad.

Idea incorrecta nº3: Dios envía la enfermedad para "enseñarle"

El siguiente testimonio refuerza el hecho de que es una necedad creer que Dios "envía" enfermedad, dolencia y otros achaques físicos con el propósito de dar instrucción o crecimiento espiritual.

> A una de mis amigas le contaron que a una mujer le habían diagnosticado cáncer de mama bilateral y le habían dado cita para realizarle una mastectomía doble. Mi amiga animó a la mujer a que asistiera a una reunión de Joan, recibiera oración y cancelara la cirugía programada.
>
> La señora rehusó. Explicó su razonamiento del siguiente modo: "Dios quiere que tenga este cáncer. A través de mi sufrimiento, Dios me está enseñando a vencer mi orgullo".
>
> Le realizaron la mastectomía. Después, se dio cuenta que no había aprendido nada sobre el orgullo. Lamentó profundamente no haber dejado que Joan orase por ella.

Usted no tiene que sufrir una enfermedad o una discapacidad para derrotar el orgullo y otros vicios del corazón. La humildad se produce como un resultado del verdadero arrepentimiento, no porque haya sufrido una enfermedad debilitante.

Muchas personas no creen que Dios quiere sanar, así que tienen poca fe. Más adelante en Santiago, leemos esta descripción de la actitud que deberíamos tener al pedirle algo a Dios, como la sanidad:

> *Pero pida con fe, no dudando nada; porque el que duda es semejante a la onda del mar, que es arrastrada por el viento y echada de una parte a otra. No piense, pues, quien tal haga, que recibirá cosa alguna del Señor. El hombre de doble ánimo es inconstante en todos sus caminos.* (Santiago 1:6–8)

El "*hombre de doble ánimo*" es aquel que ora a Dios por sanidad pero se pregunta si es su voluntad o no sanar. De nuevo, ¡la Biblia no deja lugar a la duda! Si necesita reafirmación, le invito a volver a leer los capítulos dos y tres que ofrecen pruebas abundantes de que Jesús desea sanar a sus hijos.

¿Dónde está su fe?

Ya sean pequeñas o grandes, las "tormentas" pueden producir el mismo efecto en su propia vida. Desde una crisis financiera a una enfermedad física o un conflicto matrimonial, las tormentas de la vida pueden hacer que su fe desaparezca, con el resultado de que el temor toma el mando, como sucedió con los discípulos en su barca golpeada por las olas.

> *Aconteció un día, que entró en una barca con sus discípulos, y les dijo: Pasemos al otro lado del lago. Y partieron. Pero mientras navegaban, él se durmió. Y se desencadenó una tempestad de viento en el lago; y se anegaban y peligraban. Y vinieron a él y le despertaron, diciendo: ¡Maestro, Maestro, que perecemos!*

Despertando él, reprendió al viento y a las olas; y cesaron, y se hizo bonanza. Y les dijo: ¿Dónde está vuestra fe?

(Lucas 8:22–25; véase también Marcos 4:36–41; Mateo 8:23–27)

Observe que Él les dijo: "*¿Dónde está vuestra fe?*" (Lucas 8:25). El evangelio de Marcos revela que Él dijo: "*¿Por qué estáis así amedrentados? ¿Cómo no tenéis fe?*" (Marcos 4:40). El mayor pecado del mundo hoy día sigue siendo la duda y la incredulidad, y fue la misma actitud que se alzó en los corazones de los discípulos ese día. Sin embargo, aunque la duda y la incredulidad pueden impedir que reciba los milagros de Dios, en este caso concreto Él siguió adelante y terminó el milagro, calmando el mar y haciendo desaparecer la tormenta.

La humildad se produce como un resultado del verdadero arrepentimiento, no porque haya sufrido una enfermedad debilitante.

No importa cuál sea la tormenta que hay en su vida; no importa por lo que esté pasando en este momento; Jesús es el que puede calmar cualquier tormenta. Ponga su fe y su confianza en Él. No deje que la duda y la incredulidad se introduzcan, ¡independientemente de cuáles sean sus circunstancias!

Vamos a explorar más este tema en el siguiente capítulo, enfocándonos en los temores que nos impiden recibir de Dios.

11

ECHE FUERA EL TEMOR

"Busqué a Jehová, y él me oyó,
y me libró de todos mis temores".
—Salmos 34:4

Puede parecer extraño, pero hay muchas personas que no pueden recibir de Dios porque tienen temor: temor a lo sobrenatural, temor a Satanás y sus demonios, o simplemente el típico temor al fracaso.

Temor a lo sobrenatural

Tres de los Evangelios incluyen la historia de Jesús sanando a un hombre poseído por una "legión" de demonios al enviar a esos espíritus malvados a una piara de cerdos, los cuales se precipitaron violentamente por un despeñadero, arrojándose al mar y ahogándose. (Véase Mateo 8:28–32; Marcos 5:1–13; Lucas 8:26–33). Cuando la gente se enteró de este suceso, la reacción predominante no fue ni asombro ni gratitud, sino temor. Veamos a los cuidadores de los cerdos, por ejemplo; cuando vieron que el hombre que antes estaba poseído ahora estaba en su sano juicio, *"tuvieron miedo"* (Marcos 5:15; Lucas 8:35). Enseguida, toda la ciudad le estaba rogando a Jesús que se fuera de la región, *"pues tenían gran temor"* (Lucas 8:37; véase también Mateo 9:34; Marcos 5:17).

¿No es interesante que la gente no tuviera miedo al hombre poseído hasta que le vieron vestido y en su sano juicio? ¿Por qué la gente tiene miedo a lo sobrenatural? La verdad es que este tipo de temor a menudo impide que la gente reciba sanidad, bendición u otro milagro que Dios tenga para ellos.

Dios es un Ser sobrenatural. También es su Padre, ¡y no debe tenerle miedo! Si adopta una posición de adoración en su corazón, se encontrará recibiendo más milagros. Ore a Él ahora, diciendo: "Jesús, te amo con todo mi corazón, y creo que sobrenaturalmente harás que suceda lo que yo necesito".

Temor a Satanás y los espíritus demoniacos

El noveno capítulo de Mateo incluye un breve relato de Jesús cuando echó fuera a un demonio de un hombre que antes había sido mudo, después de lo cual el hombre habló, para asombro de los testigos. Los fariseos reaccionaron diciendo: *"Por el príncipe de los demonios echa fuera los demonios"* (Mateo 9:34). Básicamente acusaron a Jesús de estar asociado con el diablo. ¡Y lo mismo ocurre hoy!

Las mentiras que se dijeron acerca del ministerio de Jesús siguen circulando. No preste atención a los espíritus religiosos. Haga lo que Jesús hizo. ¡Simplemente expulse al diablo y sus demonios!

No tema a ningún espíritu demoniaco. Reconózcalo por lo que es y luego trate con él, porque Jesús le dio mucho más poder del que tiene el diablo. Su mensaje en Lucas 10:19 es para nosotros, también: *"He aquí os doy potestad de hollar serpientes y escorpiones, y sobre toda fuerza del enemigo, y nada os dañará"*.

Él quiso decir exactamente lo que dijo. Jesús transfirió su autoridad a usted y a mí para que nosotros también podamos echar fuera demonios. Usted puede echar al espíritu de enfermedad de otra persona e incluso de usted mismo, simplemente declarando la palabra y esperando que se manifieste la sanidad.

Cuando se vea tentado a caer presa del susurro satánico en su oído, pregúntese: ¿Quién tiene la última respuesta? ¿Quién gana al final del Libro? Reconozca la voz en su oído. ¿Está alineada con la Palabra de Dios? ¿O le está diciendo mentiras? El enemigo engaña con una lengua mentirosa. ¿A quién cree?

> *Desde el principio éste [el diablo] ha sido un asesino, y no se mantiene en la verdad, porque no hay verdad en él. Cuando miente, expresa su propia naturaleza, porque es un mentiroso. ¡Es el padre de la mentira!* (Juan 8:44, NVI)

¿Quién es más fuerte que el diablo? ¿Quién le derrotó en la cruz? ¿Está usted lleno de Jesús? ¿Ha sido adoptado en su familia? ¿Es usted hijo de Dios? Si es así, entonces usted es mayor que el enemigo, y tiene el poder de permanecer firme contra sus mentiras.

Vencer el temor

¿Se ha dado cuenta de que siempre que se produce un milagro, el diablo está ahí, listo para intentar robar, matar y destruir? (Véase

Siempre que el diablo vaya a usted y le diga que su sanidad no es de Dios, ¡debe darle un pisotón rápidamente y recordarle a quién sirve usted!

Juan 10:10). Su engaño le llevará por el camino erróneo: el camino de la destrucción. Al ir por ese camino, su armadura se caerá al suelo pieza por pieza hasta que sea vulnerable y esté abierto al pecado que conduce al territorio del diablo.

Siempre que el diablo vaya a usted y le diga que su sanidad no es de Dios, ¡debe darle un pisotón rápidamente y recordarle a quién sirve usted! Satanás le engañará para que renuncie a su milagro a menos que sea sabio ante sus trucos.

¿Por qué tiene que luchar contra Satanás? Para demostrar quién es, lo que valora, y a quién ama: Dios. Él le creó para tener una relación divina de amor y adoración a Él. Pero está el elemento del libre albedrío. Él quiere que usted le pertenezca, pero no le forzará. Él quiere que usted le escoja libremente, y su camino. Solo entonces podrá demostrar a Dios que le ama, de manera verdadera e incondicional.

Póngase la armadura de Dios

Jesús le da el poder para luchar contra el enemigo. ¿Cómo? Primero, poniéndose su armadura, la cual hace que su debilidad mortal sea invisible para el enemigo. Cuando está vestido con la armadura de Dios, lo único que Satanás ve es el tamaño, la anchura, la fortaleza, el poder y la majestad de su Rey. Es una idea muy buena ponerse la armadura cada mañana, porque el enemigo puede atacar en cualquier momento.

> *Vestíos de toda la armadura de Dios, para que podáis estar firmes contra las asechanzas del diablo... Por tanto, tomad toda la armadura de Dios, para que podáis resistir en el día malo, y habiendo acabado todo, estar firmes. Estad, pues,*

> *firmes, **ceñidos vuestros lomos con la verdad**, y vestidos con la **coraza de justicia**, y calzados los pies con el apresto del **evangelio de la paz**. Sobre todo, tomad el escudo de la fe, con que podáis apagar todos los dardos de fuego del maligno. Y tomad el **yelmo de la salvación**, y **la espada del Espíritu**, que es la palabra de Dios; orando en todo tiempo con toda oración y súplica en el Espíritu, y velando en ello con toda perseverancia y súplica por todos los santos.* (Efesios 6:11, 13–18)

Recuerde: tiene acceso a toda la autoridad de Jesús, ¡y a través de Él, tiene más poder que el diablo! "*Mayor es el que está en vosotros, que el que está en el mundo*" (1 Juan 4:4).

Permanezca en la verdad

Si conoce la Palabra de Dios, reconocerá su voz cuando Él le hable, del mismo modo que yo siempre sabía cuando me llamaba mi mamá por teléfono. Nunca tenía que decir: "¡Hola Joan, soy Mamá!", porque yo conocía su voz. Podía reconocerla en cualquier momento, en cualquier lugar. Conocía las inflexiones de su voz. Incluso cuando leía alguno de sus libros, podía oír su voz a través de las páginas.

Su relación con Dios está diseñada para ser así. Para conocerle lo suficientemente bien como para reconocer su voz, tiene que pasar tiempo con Él, orando y leyendo su Palabra. Mientras desarrolla una relación de intimidad con su Padre celestial, es instantáneamente capaz de reconocer la guía del Espíritu Santo cuando Él le aleja de las tentaciones del enemigo. Llénese de la Palabra de Dios. No deje huecos que el diablo pueda llenar con sus mentiras. (Véase, por ejemplo, Efesios 4:27).

> *Dijo entonces Jesús a los judíos que habían creído en él: Si vosotros permaneciereis en mi palabra, seréis verdaderamente mis discípulos; y conoceréis la verdad, y la verdad os hará libres.*
> (Juan 8:31–32)

Todo lo que no rezume el fruto del Espíritu o sus dones (véase Gálatas 5:22–23) no es de Dios. Y todo lo que roba, mata o destruye es del diablo.

> *El ladrón no viene sino para hurtar y matar y destruir; yo he venido para que tengan vida, y para que la tengan en abundancia.* (Juan 10:10)

A menudo oímos citar la segunda parte de este versículo, pero la primera frase es igualmente importante. Todo lo que sea destructivo tiene su origen en el enemigo. Sí, él es muy astuto, y se infiltrará en usted cuando menos se lo espere. Pero puede aprender a reconocer sus tácticas, predecir sus ataques y sacarle por la puerta a patadas.

> *Si su mente entretiene cualquier pensamiento que sea contrario a ese mandamiento de Dios, puede estar seguro de que el mensaje no es de Él.*

¿Cómo puede saberlo? Ponga en consonancia lo que oye en su espíritu con la Palabra de Dios. Usted sabe que la Biblia enseña: "No matarás". Si su mente entretiene cualquier pensamiento que sea contrario a ese mandamiento de Dios, puede estar seguro de que el mensaje no es de Él. Si de repente siente que quiere dañar a alguien, robar algo, hablar a alguien de manera despectiva o cometer otro acto pecaminoso, es porque el enemigo le está susurrando sus tentaciones al oído. Sus mentiras pueden ser algo tan simple como: "No deberían tratarte así. Devuélvesela. ¡No vuelvas a hablarles!".

Alinee su mente con la Palabra

¿Cómo detiene estos mensajes negativos? Alinee sus pensamientos con el fruto del Espíritu. (Véase Gálatas 5:22–23). También es muy útil memorizar versículos que puede repetir en voz alta en esas circunstancias.

> *Por nada estéis afanosos, sino sean conocidas vuestras peticiones delante de Dios en toda oración y ruego, con acción de gracias. Y la paz de Dios, que sobrepasa todo entendimiento, guardará vuestros corazones y vuestros pensamientos en Cristo Jesús. Por lo demás, hermanos, todo lo que es verdadero, todo lo honesto, todo lo justo, todo lo puro, todo lo amable, todo lo que es de buen nombre; si hay virtud alguna, si algo digno de alabanza, en esto pensad. Lo que aprendisteis y recibisteis y oísteis y visteis en mí, esto haced; y el Dios de paz estará con vosotros.* (Filipenses 4:6–9)

Dios dice: "¡Perdona!". También dice: "¡Olvida!". Quizá añada: "¡No temas!". ¿Qué haría Jesús en esa situación? Él está con usted siempre, así que pregúntele.

No hay duda de que estas experiencias prueban su fe. Pero a menos que ejercite sus músculos espirituales, se encogerán y debilitarán, dejándole vulnerable. No será bueno ni para usted ni para otros. Al aprender a ponerse su coraza y fortalecer sus músculos espirituales, se equipa para enseñar a otros a hacer lo mismo. El ejército cristiano no tiene que llevar lanzas afiladas, pistolas o cuchillos para luchar contra el enemigo. Usamos la espada del Espíritu, la Palabra de Dios.

¿Qué más puede hacer? La oración siempre viene muy bien durante una batalla. La oración es sencillamente hablar con Dios, así que hable. El enemigo no quiere que usted hable con su Padre y obtenga ningún consejo, ¡así que hable y pídale dirección! Mientras está orando, su mente está tan ocupada con Dios que no puede oír ni concentrarse en las mentiras del enemigo. Sí, la oración es un arma buena para usar siempre.

A Satanás tampoco le gusta oír la alabanza y la adoración dirigidas hacia el Padre. Tener buena música disponible no solo es bueno para el alma; hace retroceder al enemigo al lugar de donde vino. Él corre. Mantenga su música sonando las veinticuatro horas del día, todos los días de la semana. Es muy fácil hacerlo hoy día con la Internet, televisión y radio, así como los CD, reproductores mp3 y teléfonos inteligentes.

Por lo tanto, como ve, Satanás tiene un propósito en este mundo. Usted puede usarle, como lo hace Dios. Cuando él levante su fea cabeza con sus mentiras, ¡usted puede empezar a reírse! ¡Dios gana! ¡Usted gana! ¡Usted conoce el final del libro!

Recuérdele su sanidad al diablo

Una señora de sesenta años en un supermercado iba arrastrando su pie mientras caminaba. Kelley oró por ella, y fue sanada. Un rato después, volvió a verla en otra zona de la tienda y de nuevo estaba cojeando. Él le recordó su sanidad. También le explicó que cojear es un hábito que a veces tenemos que romper o detener conscientemente.

PARTE IV:

CONDICIONES PARA EL MANTENIMIENTO

12

CAMINE EN OBEDIENCIA

"Dios nos concede honor y gloria. El Señor brinda generosamente su bondad a los que se conducen sin tacha".
—Salmos 84:11 (NVI)

La desobediencia es uno de los obstáculos más comunes para la oración contestada y la sanidad, y es una forma de éxito segura para perder los milagros y las bendiciones que haya recibido. Algunos quizá se detengan aquí mismo y digan: "Yo no quiero volver a oír acerca de la obediencia otra vez". Sin embargo, si en verdad está buscando la gloriosa fortaleza de Dios en su vida, acudirá a Él como un niño, le escuchará y en fe hará exactamente lo que Él le diga.

Es una vieja pregunta: "¿Por qué me ocurrió esto a mí?". Solo Dios sabe por qué ocurren las cosas. Puede que usted entienda eso, pero a la vez persiste en buscar las respuestas. Y debe buscarlas. ¿Dónde busca? En su Palabra. Verdaderamente creo que los cristianos hoy día a menudo están cegados por las mentiras del diablo en esta área tan importante de su vida. Si quiere que se le caigan las escamas de sus ojos ahora mismo, continúe leyendo con un corazón abierto.

Permítame decir que mi meta en este capítulo no es intimidarle. Reconozco que, a lo largo de los años, Dios ha obrado eficazmente a través de evangelistas de "llamas de fuego y azufre" para llevar a la gente a la iglesia y de regreso a Dios. Aunque es cierto que algunas personas deben ser "impactadas" para que se arrepientan, la relación del cristiano con Dios está muy lejos de esa experiencia. Dios es totalmente amoroso, misericordioso y paciente. Y hay muchas personas hoy que se han vuelto inmunes a las amenazas e intimidaciones por experiencias pasadas y que solo responden a la presentación del tierno amor de Cristo. Independientemente de cuál enfoque le hable más, la verdad es que Dios le ama y está listo para perdonarle. Tenga eso en mente mientras sigue leyendo.

Reglas y consecuencias

En cada área de la vida, el dicho es cierto: "Para cada acción, hay una reacción". Ya sea en el trabajo, en casa o en la vida espiritual, hay reglas que seguir, con las correspondientes bendiciones para la obediencia y consecuencias para la desobediencia.

¿La desobediencia es pecado? Sí, lo es. Si le dice a su hijo que termine cierta tarea, y no lo hace; o si le prohíbe a su hijo hacer algo, y lo hace igualmente, el resultado es el mismo: su hijo está en un estado de desobediencia y rebeldía. Quizá no haya cometido un delito, pero a ojos de Dios es pecado. Como padre diligente, usted entonces le retira o le niega algún privilegio, porque *"El que detiene el castigo, a su hijo aborrece; mas el que lo ama, desde temprano lo corrige"* (Proverbios 13:24). La conducta apropiada tiene grandes recompensas. La conducta inapropiada invita al castigo.

Esto es así en la mayoría de las áreas de la vida. Obedezca la ley, y vivirá felizmente. Desobedezca la ley, y quizá sea multado, encarcelado o incluso ejecutado, dependiendo de la severidad de su delito. Siempre está lo bueno y lo malo, lo positivo y lo negativo, en cada situación. Mediante la experiencia y la educación, usted aprende cómo vivir y hacer lo correcto. Las decisiones determinan lo que usted experimenta. El gobierno hace las leyes, los padres ponen las reglas, las escuelas tienen requisitos para los cursos, los empleados tienen las competencias de su trabajo y Dios le ha bendecido con su Palabra escrita. En cada ejemplo hay un camino hacia el éxito. Siga las reglas y tenga éxito; hágalo "a su manera" y encuéntrese con circunstancias desagradables.

Dios le dio el poder escoger: escoger vivir en "el mundo", o escoger vivir en el mundo de Dios. Así como cada país de la tierra ha establecido leyes que sus ciudadanos deben obedecer, cada "mundo" tiene sus leyes y consecuencias por quebrantarlas. Para recibir el favor de sus padres y los privilegios que conlleva, debe decidir vivir según las reglas que ellos han prescrito. Lo mismo sucede con sus maestros en la escuela, sus conciudadanos en la comunidad, su jefe y compañeros de trabajo, e incluso las personas con las que tiene una relación estrecha. Las reglas, ya sean explícitas o implícitas, guían todas sus interacciones. ¿Por qué iba a ser diferente en su relación con Dios?

Semillas de rebeldía

La naturaleza humana, sin embargo, es caprichosa y rebelde. No queremos vivir con "sugerencias", como "Modere la velocidad", "Fumar perjudica seriamente la salud", o "Di 'no' a las drogas".

Uno genera todo tipo de excusas para justificar su conducta rebelde. Conducir por encima del límite de velocidad "me hace sentir bien"; "tengo que demostrar que soy un macho"; "llego tarde a una cita importante". Fumar cigarritos "me relaja"; "Todos mis amigos fuman"; "Subiré de peso si dejo de fumar, y a mi esposo no le gustan las mujeres gordas. Tengo que agradarle, ¿no?". Fumar marihuana "me da un buen y merecido descanso de las presiones diarias"; "Las drogas expanden mi mente".

Algunas formas de placer son del enemigo, diseñadas para llevarle hasta sus garras. Por eso debe pedirle a Dios que cambie su perspectiva de lo que considera placentero.

Al principio, la mayoría de las seducciones prohibidas parecen atractivas; usted descarta la posibilidad de que sea peligrosa o destructiva. Pero luego, el día que se encuentra en problemas por quebrantar la ley, bajo el bisturí para que le quiten quirúrgicamente el tumor de sus pulmones, o en medio de tratamiento por el síndrome de abstinencia, descubre las inevitables consecuencias de su rebeldía. Al darse cuenta de los resultados de sus decisiones, usted clama: "¿Por qué no me lo avisó alguien hace tiempo?". En todo ese tiempo, alguien *sí* se lo dijo, una y otra vez, pero los mensajes sencillamente no se oyeron o se ignoraron.

Algunas personas creen que algo que produzca placer no puede ser pecado. Pero el pecado puede ser placentero. Puede ser divertido. Esta categoría de "placer" puede producir una forma de paz; sin embargo, siempre dura poco. Los que participan de conductas pecaminosas quizá se rían ahora, pero lo que usted ve es algo superficial que lleva a la destrucción. Finalmente, los pecadores deliberados renunciarán a sus milagros.

Algunas formas de placer son del enemigo, diseñadas para llevarle hasta sus garras. Por eso debe pedirle a Dios que cambie su perspectiva de lo que considera placentero. El Salmo 37:4 (NVI) dice: *"Deléitate en el SEÑOR, y él te concederá los deseos de tu corazón"*. Cuando hace de Dios su mayor deleite, Él llena su corazón con un deseo por las cosas que Él aprueba.

La obediencia exige conocimiento

> *Mi pueblo fue destruido, porque le faltó conocimiento. Por cuanto desechaste el conocimiento, yo te echaré del sacerdocio; y porque olvidaste la ley de tu Dios, también yo me olvidaré de tus hijos.* (Oseas 4:6)

Con un conocimiento escaso acerca de los automóviles, una persona puede matarse rápidamente. Con un conocimiento escaso acerca de las drogas, una persona puede morir. Con un conocimiento escaso de la Palabra de Dios, uno puede vivir en tinieblas todos sus días. Al enemigo le encantaría que usted fuera siempre ignorante de la Palabra de Dios. Él intenta tentarle, diciendo: "No te molestes en leer el Antiguo Testamento. Eres hijo de Dios. De hecho, los Diez Mandamientos tampoco son para ti. Deberías concentrarte en el Nuevo Testamento". La verdad es que tiene que estudiar toda la Palabra de Dios, no solo Juan 3:16. Y eso incluye las reglas y estipulaciones que Dios ha puesto en su lugar.

Obedezca la Palabra de Dios

A veces es simplemente la falta de conocimiento de una situación lo que le hace ir por el camino erróneo, hacia la destrucción. Solo leyendo la Palabra de Dios y empapándose en las enseñanzas bíblicamente sólidas, como en una iglesia en donde usted sea alimentado con la Palabra de Dios, crecerá en conocimiento y será suficientemente fuerte para reconocer al enemigo cuando se infiltre con sus sutiles mentiras y tentaciones, y mantenerle a raya.

Oseas 4:6 dice claramente que a cualquiera que rechace el conocimiento, Dios también le rechazará, y esa persona no será capaz de servirle. No solo eso, sino que en cuanto a quienes olvidan sus leyes, Dios se olvidará de sus hijos. ¡Qué responsabilidad se nos ha dado! No creo que este versículo se refiera solo a los hijos biológicos, sino que creo que también se refiere a los hijos espirituales. Usted ha recibido una responsabilidad de parte de Dios de compartir su conocimiento de Él con todos, para que ellos también puedan caminar en la perfecta voluntad de Dios y obedezcan sus instrucciones.

Obedezca los impulsos divinos

Usted lee acerca de las bendiciones, reclama las bendiciones y canta acerca de las bendiciones, y luego se va a su casa y se pregunta por qué está teniendo dificultades en algunas áreas de su vida. Usted lee, canta, ora, da testimonio, pero quizá ignora a Dios cuando Él dice: "Acércate a esa pareja. Necesitan que alguien les muestre mi amor y les comparta una palabra positiva ahora mismo".

"Pero, Dios", responde usted, "ella es la directora de la escuela dominical, y él es el director intercesor de la iglesia. Seguro que ya lo saben todo. Ellos son los que deberían acercarse a mí".

La mayoría de los cristianos entienden lo que es el "pecado" descarado, como por ejemplo todo lo que es contrario a los Diez Mandamientos. Pero ¿qué ocurre con la obediencia "de siempre" a las instrucciones de Dios, a través de los impulsos de su Espíritu Santo? ¡Esto es algo entre usted y Él! Nadie más sabrá jamás las comunicaciones secretas que hubo entre usted y su Padre celestial. Y si no sigue las instrucciones que Él da, por ejemplo, ministrar a las necesidades de alguien, es pecado, según Santiago 4:17: *"Al que sabe hacer lo bueno, y no lo hace, le es pecado"*.

El apóstol Pablo escribió a Timoteo sobre este mismo asunto:

> *Timoteo, hijo mío, te doy estas instrucciones, basadas en las palabras proféticas que se dijeron tiempo atrás acerca de ti.*

> *Espero que te ayuden a pelear bien en las batallas del Señor. Aférrate a tu fe en Cristo y mantén limpia tu conciencia. Pues algunas personas desobedecieron a propósito lo que les dictaba su conciencia y, como resultado, su fe naufragó.*
> (1 Timoteo 1:18–19, NTV)

"Hijo, ¿ves a ese hombre que está ahí junto a la carretera?", dice calladamente Dios. "Necesita algo de comida. Comparte algo con él".

"Pero Dios, está muy sucio. ¿Qué dirán mis amigos? Lo haré la próxima vez, cuando ellos no estén conmigo".

"Hijo, ese niño tiene una enfermedad terminal", dice Dios. "Impón tus manos sobre él, ¡y ordena al espíritu de muerte que se vaya!".

"¿Yo, Señor? Sé que el Espíritu Santo vive en mí, pero yo no podría imponer manos sobre él. Puede que tu poder no actúe a través de mi humilde cuerpo. Si eso ocurre, seré rechazado y ridiculizado, y me tacharán de farsante. Iré a llamar al pastor o al evangelista que oímos anoche. Ellos tienen el don de sanidad".

"Hijo, esta persona tiene mi unción. Se necesitan fondos para enviar a su equipo ministerial a tierras lejanas para ministrar mi Palabra a los perdidos y hambrientos. Vacía tu cartera en la ofrenda. Yo soy tu Fuente. Supliré todas tus necesidades, así como suplo la necesidad de obra misionera en todo el mundo a través de otras personas como tú", le dice Dios.

"¡Vaya, pero es que el alquiler debo pagarlo mañana!", responde usted. "Y los niños necesitan zapatos nuevos para la escuela, y mi esposo se enojará si doy el dinero para la comida de toda la semana. Ya he diezmado mi sueldo".

Dios no está buscando excusas. Está buscando que usted obedezca sus instrucciones, las cuales a menudo comunica solo con un *"silbo apacible y delicado ["suave murmullo",* NVI*]"* (1 Reyes 19:12).

Si no ha oído de parte de Dios hace mucho tiempo, intente recordar lo último que Él le impulsó a hacer. Podría ser que Él esté esperando aún pacientemente a que comparta su amor con esa vecina gruñona al otro lado de la calle, a que imponga manos sobre su suegra por ese dolor de artritis reumática que ha tenido durante años, o a que dé una ofrenda extra para reparar las agrietadas escaleras del edificio de la iglesia.

La relación de obediencia y gracia

Las leyes y los mandamientos de Dios también se deben seguir; de lo contrario, su paraguas de protección desaparecerá, dejándole vulnerable al enemigo y sus ataques, ya sean mentiras, maldiciones, enfermedad o pobreza.

Las leyes de la tierra se deben seguir, o se aplicará la pena correspondiente. Las leyes y los mandamientos de Dios también se deben seguir; de lo contrario, su paraguas de protección desaparecerá, dejándole vulnerable al enemigo y sus ataques, ya sean mentiras, maldiciones, enfermedad o pobreza.

Si desobedece a Dios, Él le sigue amando, así como sus padres terrenales le siguen amando a pesar de su desobediencia. Sin embargo, cada pecado, ya sea abierto o encubierto, esposa la gracia de Dios e impide que sus ángeles provean todo lo que Él quiere darle. Cuanto más se rebele, más vulnerable será. Y aunque Dios nunca le perderá de vista, así como los padres permiten que su hijos se alejen solo cierta distancia hasta que le dan una voz para que se detengan, Él nunca violará su voluntad. La decisión es de usted: obedecer sus mandamientos y caminar dentro de la cobertura de su protección, o rebelarse contra su Palabra y abandonar la seguridad de su protección.

La obediencia supera al sacrificio

Ciertamente el obedecer es mejor que los sacrificios, y el prestar atención que la grosura de los carneros. (1 Samuel 15:22)

Puede usted orar durante horas y horas, ayunar durante días y días, pero si se niega a dar de comer al hambriento cuando Dios se lo indica, si busca excusas en vez de imponer manos sobre un niño agonizante cuando Dios le dirige a hacerlo, o si continúa coqueteando con lo oculto en nombre de la "investigación" cuando Dios le dice que huya, ¿en verdad se pregunta por qué de repente se encuentra en un desierto? ¿Se extraña de que Dios no le hable durante días, quizá meses? ¿Se pregunta por qué sus bendiciones se han acortado?

Por supuesto, el mensaje del evangelio habla acerca del amor de Dios y el poder para sanar. Sin embargo, llega un tiempo en la vida de cada creyente en que necesita entender los límites positivos y negativos de Dios. Dios puede ser muy paciente con los cristianos inmaduros al perdonar y perdonar una y otra vez. Pero al igual que los padres terrenales esperan un poco más de su hijo cada año de su crecimiento, Dios también espera un poco más de sus hijos a medida que crecen en Él.

Sí, usted está libre de las maldiciones, no tiene que hacer sacrificios animales para "cubrir" sus transgresiones, no tiene que orar durante horas para "pagar" por su perdón. La transición de "culpable" a "no culpable" para el cristiano que cree es bastante simple: tan solo pida. Sencillamente arrepiéntase de sus errores y pida el perdón de su Padre. Cuando lo haga, Él arrojará sus pecados al océano más lejano, y nunca se volverá a acordar de ellos. (Véase Miqueas 7:19; Jeremías 31:34).

La obediencia es clave para el carácter cristiano

Si en verdad su primer objetivo como cristiano es ser más como Cristo, ¿no se supone que debería seguir su ejemplo? ¿Fue Él obediente a Dios? Oh sí, Él *"se humilló a sí mismo, haciéndose obediente hasta la muerte, y muerte de cruz"* (Filipenses 2:8). Si Cristo hubiera permitido que tan solo una chispa de rebeldía estallara dentro de Él la noche en el huerto de Getsemaní, ¿dónde estaría usted hoy? La cruz no significaría nada para usted, y aún estaría perdido en su pecado.

Jesús dio su vida por usted. Era el Hijo perfecto de Dios. Siempre tuvo comida y bebida; siempre estuvo protegido de las multitudes airadas cuando declaró la verdad; el poder de Dios fluía a través de Él cuando imponía manos sobre los enfermos, y el Espíritu de Dios mismo fluía a través de Él cuando resucitó de la muerte. Si usted quiere ser verdaderamente como Cristo, debe seguir su ejemplo en todo, no solo imitar unas características selectas.

La desobediencia a menudo viene con consecuencias naturales

Aunque Dios promete perdonar nuestros pecados y olvidarse de ellos, hay consecuencias naturales que a menudo se producen por la conducta pecaminosa, del mismo modo que hay consecuencias si usted desafía las leyes de la naturaleza que gobiernan el comportamiento físico de la tierra. Por ejemplo, la gravedad le mantiene anclado al suelo. Si menosprecia esa ley y se lanza desde un puente muy alto, seguramente resulte herido o posiblemente muera. Si come los alimentos erróneos, no puede culpar a Dios si alcanza sobrepeso. Si sabe que fumar es malo para usted, no culpe a Dios de sus dificultades respiratorias, su continua tos o el desagradable olor del humo del tabaco que inunda su entorno.

Digamos, hipotéticamente hablando, que usted destruye algo en un ataque de ira. El perdón no va a reemplazar el artículo dañado. O piense en la persona que abusó del alcohol y las drogas durante décadas pero ahora está limpio y sobrio. Dios le perdona, sí, pero los efectos de su abuso de sustancias podría contribuir a tener toda una vida con deficiencias en la salud. Sí, Dios incluso perdonará a un asesino, pero no va a intervenir para impedir el castigo de toda una vida en la cárcel.

Bendición o maldición: Usted decide

El pasaje más conocido de la Biblia que cataloga las bendiciones de la obediencia y las maldiciones de la desobediencia es Deuteronomio 28. Estos versículos a menudo menospreciados o evitados podrían explicar por qué sus circunstancias son adversas. El tema básico subyacente de todo este capítulo es una palabra: *obediencia*. La obediencia a Dios, su Padre celestial. Sus mandamientos son el mejor "consejo" que podría esperar recibir. Sus caminos son "*mucho más abundantemente de lo que pedimos o entendemos*" (Efesios 3:20). Y aún sus hijos cuestionan las expectativas de Dios y dudan de su "capacidad" para guiarles en el día a día.

> *La obediencia invita las bendiciones de Dios y le permite mantenerlas; la desobediencia se cobra todas las bendiciones y deja en su lugar angustia.*

Tiene que entender toda la verdad, no solo una parte de ella. Lea y sea libre. Una amiga mía que había dejado de diezmar sufrió durante muchos años de soriasis, hasta que leyó el equilibro de Deuteronomio desde el versículo 15 al 66. Al entender finalmente del todo lo que Dios estaba diciendo, actuó en base a la Palabra, y fue sanada.

Si no está siendo "obediente" a la voz de Dios, usted ha escogido estar bajo las maldiciones que se encuentran en Deuteronomio 28. De nuevo, es su decisión. ¿Qué quiere? La obediencia invita las bendiciones de Dios y le permite mantenerlas; la desobediencia se cobra todas las bendiciones y deja en su lugar angustia.

En vez de incluir el capítulo en su totalidad, aquí le he puesto una muestra de las maldiciones de la desobediencia palabra por palabra, y las correspondientes alternativas —las bendiciones de la obediencia—, las cuales he parafraseado en términos actuales para hacerlas más relevantes para su vida.

Bendiciones	Maldiciones
*"Acontecerá que **si oyeres atentamente** la voz de Jehová tu Dios, para guardar y poner por obra todos sus mandamientos que yo te prescribo hoy..."* (Deuteronomio 28:1):	*"Pero acontecerá, **si no oyeres** la voz de Jehová tu Dios, para procurar cumplir todos sus mandamientos y sus estatutos que yo te intimo hoy, que vendrán sobre ti todas estas maldiciones, y te alcanzarán..."* (Deuteronomio 28:15):
Todas las bendiciones de Dios le rodearán. Dondequiera que vaya, no podrá esconderse de Dios. Él le llenará de sus bendiciones, ya sea que esté en una gran ciudad o en el campo.	*"Maldito serás tú en la ciudad, y maldito en el campo"* (versículo 16).
Las bendiciones le seguirán dondequiera que vaya. Todo lo que toque prosperará. Tendrá una vida longeva y saludable por su fidelidad a Dios.	*"Maldito serás en tu entrar, y maldito en tu salir. Y Jehová enviará contra ti la maldición, quebranto y asombro en todo cuanto pusieres mano e hicieres, hasta que seas destruido, y perezcas pronto a causa de la maldad de tus obras por las cuales me habrás dejado"* (versículos 19–20).

Bendiciones	**Maldiciones**
Estará sano y fuerte. El Señor le protegerá de la enfermedad.	*"Jehová traerá sobre ti mortandad, hasta que te consuma de la tierra a la cual entras para tomar posesión de ella. Jehová te herirá de tisis, de fiebre, de inflamación y de ardor, con sequía, con calamidad repentina y con añublo; y te perseguirán hasta que perezcas"* (versículos 21–22).
El Señor luchará sus batallas y le dará la victoria.	*"Jehová te entregará derrotado delante de tus enemigos; por un camino saldrás contra ellos, y por siete caminos huirás delante de ellos; y serás vejado por todos los reinos de la tierra"* (versículo 25).
Será mentalmente estable y fuerte. Logrará grandes cosas. Verá con claridad.	*"Jehová te herirá con locura, ceguera y turbación de espíritu; y palparás a mediodía como palpa el ciego en la oscuridad, y no serás prosperado en tus caminos; y no serás sino oprimido y robado todos los días, y no habrá quien te salve"* (versículos 28–29).

Bendiciones	Maldiciones
Tendrá un hermoso cónyuge y un hogar donde disfrutar. Tendrá comida deliciosa y carne para nutrirle a usted y su familia.	*"Te desposarás con mujer, y otro varón dormirá con ella; edificarás casa, y no habitarás en ella; plantarás viña, y no la disfrutarás. Tu buey será matado delante de tus ojos, y tú no comerás de él; tu asno será arrebatado de delante de ti, y no te será devuelto; tus ovejas serán dadas a tus enemigos, y no tendrás quien te las rescate"* (Deuteronomio 28:30–31).
Sus hijos y nietos le rodearán y disfrutará de ellos. Será fuerte y saludable al comer lo que produce su tierra.	*"Tus hijos y tus hijas serán entregados a otro pueblo, y tus ojos lo verán, y desfallecerán por ellos todo el día; y no habrá fuerza en tu mano. El fruto de tu tierra y de todo tu trabajo comerá pueblo que no conociste; y no serás sino oprimido y quebrantado todos los días"* (versículos 32–33).
Será un líder de hombres. Prestará a los que necesiten ayuda.	*"El extranjero que estará en medio de ti se elevará sobre ti muy alto, y tú descenderás muy abajo. El te prestará a ti, y tú no le prestarás a él; él será por cabeza, y tú serás por cola"* (versículos 43–44).

Bendiciones	Maldiciones
Las bendiciones de Dios le rodearán a usted y su familia, y serán una señal para el mundo para siempre de que usted le pertenece a Dios y ha sido obediente a su voz.	*"Y vendrán sobre ti todas estas maldiciones, y te perseguirán, y te alcanzarán hasta que perezcas; por cuanto no habrás atendido a la voz de Jehová tu Dios, para guardar sus mandamientos y sus estatutos, que él te mandó; y serán en ti por señal y por maravilla, y en tu descendencia para siempre"* (versículos 45–46).

Tome su decisión

A la mayoría de las personas no les gusta leer los "versículos de las maldiciones" de Deuteronomio. Nadie quiere experimentar ninguna de ellas. Todas esas cosas son del enemigo, pero si rechaza los caminos de Dios y su voluntad, está declinando su derecho a la protección de Dios, abriéndose así a cualquier combinación de estas maldiciones. En mis años de ministerio, he conocido a unas cuantas personas que parecen haber sufrido la mayoría de estas maldiciones. No me puedo imaginar las vidas tan difíciles que habrán vivido.

Todo el mundo tiene que conocer ambas caras de la moneda: las bendiciones de la obediencia y las consecuencias de la desobediencia. Es su decisión. La Biblia dice: *"Escogeos hoy a quién sirváis"* (Josué 24:15). Dios le dio derecho a escoger las bendiciones o las maldiciones. ¿Cuáles quiere recibir?

No creo que nadie escogiese voluntariamente las maldiciones. Le faltaría educación, estaría atado o ciego por las mentiras del enemigo. A menudo, escuchar las ideas del mundo acerca de la vida es lo mismo que escuchar al enemigo, porque él entreteje sus engaños y mentiras en la fibra de nuestra cultura y sociedad. Se ha infiltrado en el gobierno y en nuestras escuelas, produciendo la eliminación de Dios y de la oración de la mayoría de ellos.

Decida crecer

Como cristianos maduros en su caminar, deberían ser cada vez más sensibles a la voz de Dios y los impulsos de su Espíritu Santo. Prestar atención a la guía de Dios le mantendrá siguiendo el camino correcto y le ayudará a evitar cualquier futuro problema.

Decida arrepentirse

Si su conciencia se ve perturbada por algo que ha hecho, acepte la señal de aviso. Arrepiéntase y pida el perdón de Dios. No juegue con "dejarlo estar" con nada. Dios sabe lo que ha hecho, cuándo lo ha hecho y por qué. Y Él no lo olvidará hasta que usted se haya arrepentido y pedido perdón.

Sus promesas son verdad y perduran para siempre. Nadie tiene que rogar, suplicar, llorar o gemir para captar su atención. Él incluso dice que "recordemos" su Palabra. Él no se ha olvidado de las promesas que le hizo; sin embargo, Él quiere saber que usted reconoce sus derechos como uno de sus hijos y que puede ejercitar su fe en su Palabra, su pacto.

Dios hizo un pacto con Abraham hace mucho tiempo para bendecir a sus descendientes para siempre. Un pacto es una promesa, un contrato entre dos partes. La promesa de pacto de Dios sigue efectiva. Él no la ha cancelado. Para acceder a ese pacto, lo único que debe hacer es amarle y cumplir sus mandamientos.

Bendiciones que perduran

Conoce, pues, que Jehová tu Dios es Dios, Dios fiel, que ***guarda el pacto y la misericordia*** *a los que le aman y guardan sus* *mandamientos,* ***hasta mil generaciones****... Y por haber oído estos decretos y haberlos guardado y puesto por obra, Jehová tu Dios guardará contigo el pacto y la misericordia que juró a tus padres. Y te amará, te bendecirá y te multiplicará...*

(Deuteronomio 7:9, 12–13)

Según este pasaje, su reacción a Dios determina la reacción de Dios hacia sus hijos. Su desobediencia no solo afectará a su vida, sino que pasará a través de las generaciones. Dios dice: "*Extiendo los pecados de los padres sobre sus hijos; toda la familia de los que me rechazan queda afectada, hasta los hijos de la tercera y la cuarta generación*" (Éxodo 20:5, NTV). Él dijo lo mismo en Éxodo 34:7, Números 14:18 y Deuteronomio 5:9.

Pero las bendiciones de su obediencia también perduran. Dios también dice: "*Yo derramo amor inagotable a mil generaciones, y perdono la iniquidad, la rebelión y el pecado*" (Éxodo 34:7, NTV). Puede que usted tenga o no cosas materiales que dejar como herencia a sus hijos y nietos, pero ¿qué es más importante: el dinero o las bendiciones eternas de Dios?

El punto es que la obediencia a Dios produce grandes bendiciones en su vida, y también crea un legado de bendición que pasará a futuras generaciones. Cuando usted acepta los caminos de Dios y vive una vida agradable a Él, mantiene sus milagros en su terreno, y mantiene las maldiciones de la desobediencia fuera del mismo.

13

PERDONE

"Perdonad, y seréis perdonados".
—Lucas 6:37

Alguien dijo una vez que son necesarias veinte frases positivas, como halagos, para compensar una palabra negativa o derogatoria que hayamos dicho a una persona. Tras haberme llamado "boba" durante muchos años, le puedo decir ahora que fueron necesarias más de veinte palabras positivas para borrar ese apodo de mi corazón y mi mente. Fue necesario el borrador de amor de Dios, puesto en acción mediante la decisión de perdonar.

Se nos ordena perdonar

Este principio es especialmente eficaz para combatir el rencor, el cual produce efectos dañinos similares a la enfermedad en nuestro corazón. Es sorprendente lo rápido que los pensamientos negativos, amargos, rencorosos, pueden desaparecer cuando comenzamos a orar por la persona que nos dañó. No se puede estar amargado y enojado cuando está declarando las bendiciones de Dios sobre la vida de esa persona.

Perdonar es recibir el milagroso perdón de Dios

Se ha enseñado muchas veces acerca del perdón porque es muy importante para vivir la vida cristiana, así como para recibir y mantener las bendiciones de Dios. No se puede afirmar ser cristiano y querer que todo el mundo se lo crea a menos que camine tras los pasos de Jesús. Dios no camina con rencor, así que usted tampoco debería. Dios olvida sus errores pasados y todas las veces que ha tropezado, para que usted pueda extender a otros esa clase de perdón que todo lo olvida.

> *Porque si perdonáis a los hombres sus ofensas, os perdonará también a vosotros vuestro Padre celestial; mas si no perdonáis a los hombres sus ofensas, tampoco vuestro Padre os perdonará vuestras ofensas.* (Mateo 6:14–15)

Otra versión de la Biblia en inglés parafrasea esta idea diciendo que al orar hay una conexión entre lo que Dios hace y lo que usted hace. Que usted no puede obtener el perdón de Dios, por ejemplo, si no perdona a otros. Si rehúsa hacer su parte, usted se desconecta de la parte de Dios.

Las personas infelices y desgraciadas engendran rencor en su corazón, lo cual finalmente lleva a amargura, resentimiento, odio, ira y muchas otras actitudes que no tienen cabida en la vida de un cristiano. Sin un cambio de corazón, a menudo, el cuerpo y sus enfermedades tampoco cambiarán.

Perdonar es mantener su libertad

> [Jesús dijo:] *Venid a mí todos los que estáis trabajados y cargados, y yo os haré descansar. Llevad mi yugo sobre vosotros, y aprended de mí, que soy manso y humilde de corazón; y hallaréis descanso para vuestras almas; porque mi yugo es fácil, y ligera mi carga.* (Mateo 11:28–30)

Dios le está diciendo que su camino no es solo el camino correcto, sino el "camino fácil". Sin embargo, quizá se vea a sí mismo insistiendo en hacer las cosas a su manera. ¿Sabe usted más que Él? Las personas que no le entregan sus enfermedades a Dios tienen dificultad para ser sanadas. Se aferran tercamente a algo que está causando la enfermedad en su cuerpo.

Las personas que no le entregan sus enfermedades a Dios tienen dificultad para ser sanadas. Se aferran tercamente a algo que está causando la enfermedad en su cuerpo.

¿A qué me refiero? Por ejemplo, usted sabe que fumar daña sus pulmones y otras áreas de su cuerpo, pero insiste en seguir con un hábito dañino. Quiere su sanidad, pero insiste en aferrarse a la amargura y el resentimiento hacia alguien que le lastimó hace veinte años. Su cónyuge le engañó, y el rencor aparece cada vez que piensa en ese periodo de su vida.

Si usted acude a mí con una larga lista de problemas de los que quiere deshacerse, como lujuria, amargura, resentimiento, rencor, ira, celos, autocompasión, egoísmo o envidia, me alegrará orar por usted. Sin embargo, también tomaré esa lista y le diré que la lleve al pie de la cruz, y que nunca más vuelva a tomarla. Tiene que estar dispuesto a deshacerse de toda esa basura, esa "ropa sucia", que ha estado destruyéndole de forma lenta pero segura.

Las malas actitudes se reflejan en su semblante, en el tono de su voz, la mirada de sus ojos y la postura que usted adopta. Estar a la defensiva, no mostrarse amigable y tener ira son características del enemigo. ¿Realmente quiere comportarse así ante el mundo o su familia? ¿Se acercará o se preocupará por alguien parecido a lo que acabo de describir? Eso no refleja a Dios, téngalo por seguro.

¿Cómo puede pedir lo mejor de Dios si no está dispuesto a darle lo mejor de usted? En fe, entréguele la basura, su ropa sucia, y olvídese de ello confiando en que Él se ocupará. ¡No se reconocerá en el espejo cuando Él haya terminado su obra en usted!

Deshágase del estorbo de la falta de perdón

¿Cómo puede encontrar descanso para su alma cuando tiene amargura, rencor y enojo en su corazón? No puede. Sin embargo, Jesús dijo que su yugo era fácil y su carga ligera. Cuando su cónyuge o su hijo hace algo malo, es fácil dejar que el resentimiento se infiltre en su corazón. Desgraciadamente, el resentimiento es como la levadura. Cuanto más se asiente, más crece. ¡No tarda mucho en descontrolarse por completo! La ropa sucia comienza a oler enseguida.

Mi madre solía contar esta historia:

> Recuerdo que cuando era una niña, probablemente de unos siete u ocho años, íbamos a la granja de mis abuelos en verano. La abuela hizo un pan casero especial y lo puso en un pequeño horno para que subiera. Después ella y el abuelo se fueron a recoger melocotones a una granja vecina. Al irse,

nos dijo que nos asegurásemos de vigilar la masa. Cuando la masa subiera unos tres centímetros por encima del recipiente, debíamos sacarla y ponerla en el horno, para que el pan estuviera horneado cuando ellos regresaran para la comida.

¡En lugar de eso decidimos montar los caballos del arado! Mi tío les puso las bridas, y nos lo estábamos pasando muy bien cuando, de repente, vimos el automóvil por la carretera con el abuelo y la abuela, ¡y nos acordamos de que aún no habíamos metido el pan en el horno!

Nos bajamos rápidamente de los caballos; nuestro tío, que tenía la misma edad que nosotros, llevó corriendo los caballos al establo y después vino corriendo detrás de nosotros. Cuando llegamos a la cocina, desearía que hubiera visto el panorama. La masa había rebosado por todos sitios, ¡y se supone que debía estar horneada cuando ellos llegaran! Se había salido de su recipiente, chorreando hasta el suelo, y parecía un río de "pringue".

Cuando pienso en la falta de perdón, siempre recuerdo la levadura de la masa de ese pan que seguía creciendo cada vez más hasta que se descontroló por completo.

La falta de perdón es exactamente lo mismo. Comienza como algo pequeño. Si permite que fermente en su mente, corazón y espíritu, la falta de perdón se expande exponencialmente, hasta que se apodera de usted.

El perdón le libera para la sanidad

Cuando Jesús dijo: *"Venid a mí todos los que estáis trabajados y cargados, y yo os haré descansar"*, creo que se estaba refiriendo no solo a las luchas mentales y emocionales, sino también a la enfermedad.

Un requisito fundamental para la sanidad es deshacerse de malas actitudes. Las personas con falta de perdón en su corazón están decididas a hacer las cosas a su manera. Todos los obstáculos para recibir son aplicables aquí. El orgullo y la falta de perdón son fortalezas que deben ser rotas.

> *El hombre bueno, del buen tesoro del corazón saca buenas cosas; y el hombre malo, del mal tesoro saca malas cosas.*
> (Mateo 12:35)

Cuando salen cosas malas de la boca de una persona, es obvio que tiene en su corazón actitudes como amargura, rencor, ira y resentimiento. Si no se revisa, el mal engendra mal, conduciendo a la muerte. Los planes del enemigo llevan a la muerte en cada centímetro de un hombre, hasta que cuerpo, alma y espíritu se unan a él en el infierno, separado de Dios para siempre. Satanás está decidido a detener toda alabanza, adoración y devoción a nuestro Creador. Él nos quiere destruidos y echados en el abismo. ¡A mí no me parece divertido!

El perdón le une a Cristo

El ejemplo más grande de amor y perdón es cuando Jesús estaba colgado en la cruz. Después de la vergüenza y tortura que Jesús sufrió cuando fue crucificado, ¡perdonó a todos! No maldijo ni condenó a nadie, aunque podía haberlo hecho. No pidió que descendieran del cielo diez mil ángeles guerreros preparados viendo al Hijo de Dios torturado y muerto. Jesús pudo haber destruido a esos soldados y líderes religiosos que le condenaron a muerte. Pero mantuvo su paz y obedeció los planes de su Padre.

La historia de Esteban en el libro de Hechos es otro ejemplo de máximo perdón.

> *Y apedreaban a Esteban, mientras él invocaba y decía: Señor Jesús, recibe mi espíritu. Y puesto de rodillas, clamó a gran voz: Señor, no les tomes en cuenta este pecado.* (Hechos 7:59–60)

Esteban estaba diciendo: "No me importa lo que me hicieron; les perdono". Si Esteban no les hubiera perdonado, su historia nunca habría aparecido en la Palabra de Dios. No creo que nadie que lea este libro haya sufrido lo que Esteban o Jesús sufrieron.

Y sin embargo, Jesús perdonó a sus discípulos. Perdonó a los líderes religiosos que le clavaron en la cruz. De hecho, Jesús le perdonó mientras usted aún estaba pecando. De hecho le perdonó antes de que incluso hiciera cualquier cosa que pudiera considerarse "pecado".

Los milagros se multiplican en una atmósfera de perdón

Recuerde lo que dijo Jesús a sus discípulos en Mateo 6:15: "*Mas si no perdonáis a los hombres sus ofensas, tampoco vuestro Padre os perdonará vuestras ofensas*". Esa es una seria advertencia. Pero ¡qué bendiciones recibe cuando perdona a otros! Dios le perdona, y las puertas del cielo se abren de par en par para que sus bendiciones caigan sobre usted y le inunden.

Si se da cuenta de que sus bendiciones se le están escapando, asegúrese de que no ha estado albergando falta de perdón u otra actitud negativa que pudiera bloquear la provisión de Dios o robársela.

Esta enseñanza no es para hacerle sentir culpable, sino para que examine con más detenimiento su vida, especialmente su caminar en amor. Si se da cuenta de que sus bendiciones se le están escapando, asegúrese de que no ha estado albergando falta de perdón u otra actitud negativa que pudiera bloquear la provisión de Dios o robársela. Pídale al Espíritu Santo que le revele cualquier cosa que haya en su corazón que pudiera ser la causa del bloqueo de sus bendiciones. ¡Él conoce la respuesta! Después, arrepiéntase de cualquier cosa que Él traiga a su mente, y observe mientras Dios llena su vida hasta rebosar. Cuando se haya deshecho de su falta de perdón, ¡tendrá sus manos libres para retener y aferrarse a las maravillosas bendiciones de Él!

14

PROTEJA SUS DONES

"Retén lo que tienes, para que ninguno tome tu corona".
—Apocalipsis 3:11

Hace años, llevaron a un amigo mío a un servicio de liberación. Oraron por él y fue tocado por el poder de Dios. Mientras estaba tumbado en el piso, Dios le limpió de influencias demoniacas que le habían atormentado durante toda su vida, y su semblante cambió por completo. En vez de oscuridad y preocupación, la paz y la luz le rodearon. Después explicó la experiencia a su esposa, diciendo: "La gente oró por mí, y terminé en el piso". Sin embargo, como eran bebés espirituales en ese tiempo, él y su esposa no entendieron del todo lo que había ocurrido, o más bien lo que *no había* ocurrido.

Mientras las personas que le ministraron le liberaban de las fuerzas demoniacas que le habían estado atormentando en ese tiempo, nunca le dijeron que fue salvo y que tenía a Jesús viviendo en su corazón, para luchar contra cualquier futuro ataque. Por esa negligencia, le dejaron abierto a futuros ataques.

> *Cuando el espíritu inmundo sale del hombre, anda por lugares secos, buscando reposo; y no hallándolo, dice: Volveré a mi casa de donde salí. Y cuando llega, la halla barrida y adornada. Entonces va, y toma otros siete espíritus peores que él; y entrados, moran allí; y el postrer estado de aquel hombre viene a ser peor que el primero.* (Lucas 11:24–26)

El año siguiente trajo un ataque tras otro. El enemigo estaba muy enojado porque estaba perdiendo un seguidor. No había nadie cerca para guiar a este hombre y su esposa a un refugio de la batalla donde pudieran conocer su posición en Cristo. Seis meses después y tras muchas lágrimas, esta pareja finalmente encontró la puerta del lugar de descanso de Dios, libertad y refrigerio.

En la guerra espiritual, el conocimiento es poder

Cuando una persona es liberada o sanada, necesita más enseñanza acerca de cómo mantener su liberación o sanidad. De lo contrario, su milagro puede que se desvanezca en el atardecer, y pueden regresar los síntomas, a veces peor que antes. Puede que comience a dudar de que Dios hiciera algo, o quizá sospeche que la persona que le ministró no era de Dios. Años después, quizá diga: "Ah, eso del cristianismo. Lo intenté una vez, ¡pero no funcionó!".

Crecer en el conocimiento de Dios

Con respecto a ministrar a otros, asegúrese de animarles a involucrarse en una buena iglesia que crea en la Biblia donde reciban ayuda para aferrarse a su milagro y fortalecerse aún más en su fe. En su propia vida, asegúrese de guardar la Palabra en su corazón, y no escuchar nunca las mentiras del enemigo. Así como lo hizo Jesús, responda a las mentiras con la verdad: la Palabra de Dios. (Véase Mateo 4:1–11; Lucas 4:1–13).

¿Por qué le equipa Dios? Él tiene un trabajo asignado para que usted lo realice. Siempre le capacitará para hacer lo que Él quiere que haga: su tarea. Dios envía maestros, predicadores, pastores y apóstoles para equipar, enseñar y capacitar a otros creyentes que ayuden a otros, no solo a sí mismos.

Crecer en el conocimiento de su herencia en Jesucristo

> *Para que el Dios de nuestro Señor Jesucristo, el Padre de gloria, os dé espíritu de sabiduría y de revelación en el conocimiento de él, alumbrando los ojos de vuestro entendimiento, para que sepáis cuál es la esperanza a que él os ha llamado, y cuáles las riquezas de la gloria de su herencia en los santos, y cuál la supereminente grandeza de su poder para con nosotros los que creemos, según la operación del poder de su fuerza...*
>
> (Efesios 1:17–19)

Es crucial que sepa lo que la Palabra de Dios dice con respecto a su herencia como hijo de Dios. Por ejemplo, dice en 1 Pedro 2:24 que Jesucristo "*llevó él mismo nuestros pecados en su cuerpo sobre el madero, para que nosotros, estando muertos a los pecados, vivamos a la justicia; y por cuya herida* ***fuisteis sanados***". ¿Entendió el significado de esto? Jesús llevó sus enfermedades sobre Él mismo cuando murió en la cruz (véase Isaías 53:5), y usted *fue* sanado: ¡tiempo verbal pasado!

Si quiere mantener el milagro de una sanidad, debe aferrarse a la verdad de la Escritura. No deje que el enemigo se infiltre en su mente con sus insidiosas mentiras: "Tú no fuiste verdaderamente sanado; fue todo una casualidad ¡Vas a morir!". Al conocer y citar la Palabra de Dios con respecto a la sanidad, usted puede luchar contra cualquier síntoma de enfermedad, dolencia o daño.

De forma similar, cuando conoce lo que dice la Palabra de Dios sobre sus promesas para prosperarle, puede luchar contra el espíritu de pobreza y la mentalidad de carencia. Si Satanás le tienta a temer por su situación económica, puede proclamar Filipenses 4:19: *"Mi Dios, pues, suplirá todo lo que os falta conforme a sus riquezas en gloria en Cristo Jesús"*. Cuando conoce lo que dice la Palabra de Dios en relación con su promesa de salvación, entonces si Satanás se acerca y le tienta para que dude, puede proclamar 1 Tesalonicenses 5:9–10: *"Porque no nos ha puesto Dios para ira, sino para alcanzar salvación por medio de nuestro Señor Jesucristo, quien murió por nosotros para que ya sea que velemos, o que durmamos, vivamos juntamente con él"*.

El Espíritu Santo: Su guardián 24/7

He oído a muchas personas hacer comentarios como estos: "La vida cristiana es muy dura. ¿Cómo es posible que yo pueda hacer tantos cambios?". "Yo no soy lo suficientemente bueno para Dios. Nunca llegaré a ser como esas personas de la iglesia. Tendré que cambiar mi conducta primero para que Dios me acepte". Muchas personas van a la iglesia durante un tiempo y luego "se apartan". De nuevo regresan a la iglesia durante un tiempo, y vuelven a apartarse.

Luchar por "merecerse" o "cambiar su conducta" es imposible, en sus propias fuerzas. ¡La buena noticia es que nadie espera que usted haga esas cosas en sus propias fuerzas! La tarea del Espíritu Santo es capacitarle para cambiar mientras Él limpia los sitios escondidos de su vida, purificando sus deseos y haciéndole cada día más semejante a Jesús.

Por supuesto, la salvación es lo más importante. Sella su destino para la eternidad. Sin embargo, el proceso de santificación —ser conformado a imagen de Jesús— es un viaje para el resto de su vida. Una vez que es salvo, tiene que aprender a gatear, caminar, correr y finalmente volar entre las águilas. La vida cristiana no siempre es dulce, maravillosa y libre de problemas. Ya hemos hablado de los obstáculos para recibir y la batalla para mantener los dones y las bendiciones. El conocimiento correcto para permanecer victorioso es necesario todos los días. El enemigo es muy hábil; frecuentemente aparece con un nuevo plan de batalla. La sabiduría de Dios, dada por el Espíritu Santo, es crítica para reconocer quién, qué, cuándo y cómo está planeando el enemigo atacar después. Es por su Espíritu Santo como usted es más eficaz a la hora de proteger sus dones y mantener sus milagros.

La tarea del Espíritu Santo es capacitarle para cambiar mientras Él limpia los sitios escondidos de su vida, purificando sus deseos y haciéndole cada día más semejante a Jesús.

> *Pedro contestó: —Cada uno de ustedes debe arrepentirse de sus pecados y volver a Dios, y ser bautizado en el nombre de Jesucristo para el perdón de sus pecados. Entonces recibirán el regalo del Espíritu Santo.* (Hechos 2:38, NTV)

Algunas personas reciben al Espíritu Santo inmediatamente después de aceptar a Cristo. Sin embargo, hay muchas personas que han sido salvas pero nunca han conocido el beneficio añadido del Espíritu Santo. En su herencia espiritual, el Espíritu Santo es como la cobertura de la tarta. La salvación es algo fantástico; una relación con Jesús es algo fantástico; pero la llenura del Espíritu Santo lleva toda la experiencia a otro nivel.

Ser salvo sin la ayuda del Espíritu Santo para permanecer en el camino estrecho es difícil, pero cuando usted recibe al Espíritu Santo en su corazón, mente y alma, Él actuará como su Abogado, su Consejero, su Mentor y mucho más. Las palabras no pueden expresar todo lo que Él puede hacer y hará por usted.

Los siguientes son solo unos cuantos ejemplos de cómo el Espíritu Santo trabaja por usted.

Seguridad de salvación

El Espíritu Santo es quien da testimonio de nuestra salvación. Dice en Romanos 8:16: *"El Espíritu mismo da testimonio a nuestro espíritu, de que somos hijos de Dios, Y si hijos, también herederos; herederos de Dios y coherederos con Cristo"*. El Espíritu Santo confirma a su corazón que usted es hijo de Dios y, por lo tanto, heredero de Cristo; así pues, ¡es solo en Él donde usted encuentra la confianza para creer que recibirá las riquezas de su herencia de las que estábamos hablando!

Intercesión por usted

En la misma tónica, el Espíritu Santo también intercede por usted, orando cuando usted no encuentra las palabras apropiadas que decir.

> *Pues qué hemos de pedir como conviene, no lo sabemos, pero el Espíritu mismo intercede por nosotros con gemidos indecibles. Mas el que escudriña los corazones sabe cuál es la intención del Espíritu, porque conforme a la voluntad de Dios intercede por los santos.* (Romanos 8:26–27)

¡Qué maravilloso regalo! Cuando usted no sabe por qué debería orar, el Espíritu Santo interviene y lo hace por usted.

Dirección divina

> *Pero los que no son espirituales no pueden recibir esas verdades de parte del Espíritu de Dios. Todo les suena ridículo y no*

> *pueden entenderlo, porque sólo los que son espirituales pueden entender lo que el Espíritu quiere decir.*
>
> (1 Corintios 2:14, NTV)

Ya hemos hablado de cómo Dios, a través de su Espíritu Santo, da instrucciones divinas para guiarle por donde debería ir, señalarle las personas a las que debería ministrar, y también inspirar su vida. Sus revelaciones le mantienen vigilante de las estratagemas del enemigo y así le ayuda a proteger los dones que él intentará robarle.

Reciba el bautismo del Espíritu Santo

¿Necesita el poder de Dios hoy? ¿Necesita el poder de Dios para recibir lo mejor de Dios? ¿Necesita el poder de Dios para mantener lo que Él le ha dado? Entonces busque, reciba y acepte su poder en la Persona de su Espíritu Santo. Esta tercera parte de la Trinidad es vital para su existencia espiritual y supervivencia en el mundo de hoy.

> [Jesús dijo:] *"Si me aman, obedezca mis mandamientos. Y yo le pediré al Padre, y él les dará otro Abogado Defensor, quien estará con ustedes para siempre. Me refiero al Espíritu Santo, quien guía a toda la verdad. El mundo no puede recibirlo porque no lo busca ni lo reconoce; pero ustedes sí lo conocen, porque ahora él vive con ustedes y después estará en ustedes".*
>
> (Juan 14:15–17, NTV)

¿Cómo accede usted a este poderoso Espíritu Santo? ¿Cómo se conecta a su poder?

Pida

Lo único que tiene que hacer es pedirle a su Padre celestial el bautismo del Espíritu Santo y estar dispuesto a recibir el poder supremo que viene con Él. ¡Acérquese a Él con su corazón y reciba! Es el máximo acto de recibir que conozco, después de recibir a Jesús en su corazón mediante la salvación.

Si es hijo de Dios, al haber aceptado a Jesucristo como Señor y Salvador, le invito a dar el siguiente paso y pedirle a su Padre celestial que le bautice con el Espíritu Santo. Sí, puede pedirle a un pastor u otro creyente que ore por usted para recibirlo. Quizá alguien imponga manos sobre usted y ore para que lo reciba; sin embargo, usted puede recibirlo por usted mismo, dondequiera que se encuentre en este momento.

Mi papá, Charles Hunter, recibió el bautismo del Espíritu Santo mientras conducía por una autopista congestionada de Houston. Conocí a una señora que lo recibió mientras disfrutaba de un baño de burbujas a la luz de unas velas. Miles lo recibieron mientras mi papá y mi mamá ministraban a multitudes por todo el mundo durante una reunión de sanidad.

Lo único que tiene que hacer es querer que Él entre en su vida. Él le ayudará con los cambios necesarios para que su vida se parezca más a la de Jesús. Él le equipará para recibir y mantener más que lo que jamás pensó que podría.

Use su lenguaje de oración celestial

> *Pero ustedes, queridos amigos, deben edificarse unos a otros en su más santísima fe, orar en el poder del Espíritu Santo y esperar la misericordia de nuestro Señor Jesucristo, quien les dará vida eterna. De esta manera, se mantendrán seguros en el amor de Dios.* (Judas 20–21, NTV)

Uno de los dones del Espíritu es hablar en lenguas: un lenguaje que nunca ha aprendido a hablar o entender. Muchas iglesias aún guardan las distancias con el ceño fruncido ante esta manifestación. Se cuestionan si alguna parte de la vida llena del Espíritu es para la iglesia actual, y dudan en particular de la práctica de hablar en lenguas.

Sin embargo, hablar en lenguas es tan solo un aspecto de la experiencia de la vida llena del Espíritu, y es una bendición maravillosa. Cuando no tiene ni idea de cómo orar por una situación en concreto, hable en lenguas. Es el lenguaje perfecto de Dios. Quizá no entienda lo que está diciendo, pero Dios sí.

Cuando la situación que está viviendo le tiene contra la pared sin ningún lugar donde recurrir, ore en lenguas. Así como la oración regular, esto significa simplemente hablar con Dios, salvo que lo hace en un lenguaje que solo Él entiende. Si un amigo está experimentando un gran desafío, no tiene que conocer los detalles; tan solo interceda por él o por ella en lenguas, y Dios sabrá lo que está diciendo su corazón.

Orar en lenguas es un don poderoso que tiene que recibir cuando da la bienvenida al Espíritu Santo en su vida. Pero no va a brotar de su boca inesperadamente. Usted tiene que abrir su boca y permitir que el Espíritu Santo hable a través de usted.

Descubra sus dones

Como discutimos en el capítulo dos, cuando usted recibe al Espíritu Santo, Él le imparte un don especial.

> *Ahora bien, hay diversidad de dones, pero el Espíritu es el mismo... Pero a cada uno le es dada la manifestación del Espíritu para provecho. Porque a éste es dada por el Espíritu palabra de sabiduría; a otro, palabra de ciencia según el mismo Espíritu; a otro, fe por el mismo Espíritu; y a otro, dones de sanidades por el mismo Espíritu. A otro, el hacer milagros; a otro, profecía; a otro, discernimiento de espíritus; a otro, diversos géneros de lenguas; y a otro, interpretación de lenguas. Pero todas estas cosas las hace uno y el mismo Espíritu, repartiendo a cada uno en particular como él quiere.*
>
> (1 Corintios 12:4, 7–11)

Puede que se intensifique su intuición. Quizá la sabiduría le sorprenda en momentos oportunos. Dar testimonio quizá se convierta en su segunda naturaleza. Tal vez diariamente se encuentra a sí mismo enseñando o mentoreando a otros creyentes, u orando por los enfermos con mejores resultados. La razón es que el Espíritu Santo está obrando a través de usted, manifestando sus capacidades.

> *Al que puede hacer muchísimo más que todo lo que podamos imaginarnos o pedir, por el poder que obra eficazmente en nosotros, ¡a él sea la gloria en la iglesia y en Cristo Jesús por todas las generaciones, por los siglos de los siglos! Amén.*
>
> (Efesios 3:20–21, NVI)

A menudo, la primera parte de este versículo en Efesios se cita para apoyar la capacidad de Dios de bendecir a sus hijos. Sin duda, yo lo uso a menudo. Pero ahora quiero hacer énfasis en la segunda parte: "*por el poder que obra eficazmente en nosotros*". No hay límite en cuanto a lo que Dios puede lograr en su vida y a través de ella si se rinde a su poder, a su Espíritu Santo, que obra en usted.

Quizá tenga que regresar a los primeros capítulos acerca de recibir. ¿Está siendo bloqueada u obstaculizada su capacidad de recibir porque no está permitiendo que el poder de Él haga su obra perfecta dentro de su cuerpo, alma y/o espíritu?

Encuentre su lugar en el cuerpo

> *Entre nosotros hay algunos que son judíos y otros que son gentiles; algunos son esclavos, y otros son libres. Pero todos fuimos bautizados en un solo cuerpo por un mismo Espíritu, y todos compartimos el mismo Espíritu. Así es, el cuerpo consta de muchas partes diferentes, no de una sola parte... mientras que las partes más honorables no precisan esa atención especial. Por eso Dios ha formado el cuerpo de tal manera que se les dé más honor y cuidado a esas partes que tienen menos dignidad.*

Esto hace que haya armonía entre los miembros a fin de que los miembros se preocupen los unos por los otros. Si una parte sufre, las demás partes sufren con ella y, si a una parte se le da honra, todas las partes se alegran. Todos ustedes en conjunto son el cuerpo de Cristo, y cada uno de ustedes es parte de ese cuerpo. (1 Corintios 12:13–14, 24–27, NTV)

El plan de Dios es maravilloso. Cada cristiano es parte del cuerpo de Cristo en la tierra. Todos encajamos juntos de manera tan perfecta para enseñar, mentorear y ministrarnos unos a otros. Nos animamos unos a otros. Nos amamos unos a otros. Incluso aunque representemos diferentes partes del cuerpo, nos dolemos como si fuésemos uno, nos alegramos y lo celebramos como si fuésemos uno. Algunos cristianos se sienten más cercanos a sus "hermanos y hermanas" en Cristo que a sus familiares de sangre. Esto se debe a que el Espíritu Santo les conecta perfectamente.

Al encontrarse con personas nuevas, quizá sienta una conexión casi instantánea con ellas. Tras varias experiencias de este tipo, reconocerá que el "denominador común" de estas relaciones es el Espíritu Santo.

Los que son espirituales pueden evaluar todas las cosas, pero ellos mismos no pueden ser evaluados por otros. Pues, "¿Quién puede conocer los pensamientos del SEÑOR? ¿Quién sabe lo suficiente para enseñarle a él?". Pero nosotros entendemos estas cosas porque tenemos la mente de Cristo.

(1 Corintios 2:15–16, NTV)

Esta conexión espiritual se acentúa mucho cuando se reúne con otros creyentes en una reunión en una casa o en un ambiente formal. Quizá oiga a alguien decir: "La unción era muy fuerte", o "La atmósfera era de paz". Es algo precioso experimentar estas reuniones ordenadas por Dios con otras personas que creen lo mismo que usted.

En Mateo 18:20 Jesús dijo: *"Porque donde están dos o tres congregados en mi nombre, allí estoy yo en medio de ellos"*. Cuantos más creyentes llenos del Espíritu se junten en unidad, más poderosa es la unción del Espíritu. Visualice a personas esparcidas por un campo, cada una llevando una vela. Separados, la luz es muy limitada. Pero si se juntan en un lugar, la luz brilla mucho más.

¿Es de extrañar que el Espíritu de Dios se mueva poderosamente en reuniones de creyentes? El poder se intensifica hasta que la enfermedad y la dolencia no pueden permanecer. Los demonios tienen que irse porque no pueden permanecer en la presencia de Dios.

Un don supremo

> *No entristezcan al Espíritu Santo de Dios con la forma en que viven. Recuerden que él los identificó como suyos, y así les ha garantizado que serán salvos el día de la redención.*
>
> (Efesios 4:30, NTV)

Su mejor salvaguarda contra las artimañas de Satanás, su manera más segura de aferrarse a los mejores dones de Dios, es sintonizar con el poder que hay a su disposición mediante su Espíritu Santo. ¡Invítele a su corazón hoy!

Ore:

> Padre, quiero todo lo que tengas disponible para mí. He invitado a Jesús a vivir en mi corazón y obrar a través de mis manos, mi boca, mi ser. Ahora, te pido que tu precioso Espíritu Santo también actúe a través de mí. Necesito toda la ayuda celestial que pueda conseguir para cumplir tu voluntad para mi vida. Bendíceme, Señor, en este momento, con todos los dones y el fruto de tu Espíritu Santo. Gracias, Jesús. Amén.

15

COMPARTA SUS DONES Y SU BUEN TESTIMONIO

"Mirad, pues, cómo oís; porque a todo el que tiene, se le dará; y a todo el que no tiene, aun lo que piensa tener se le quitará".
—Lucas 8:18

"Mirad lo que oís; porque con la medida con que medís, os será medido, y aun se os añadirá a vosotros los que oís".
—Marcos 4:24

Dios nos da sus bendiciones

Me divorcié en el año 2000, y en el proceso lo perdí todo. En los años siguientes, me vi obligada a depender totalmente de Dios. Y Él proveyó para varias de nuestras necesidades: comida, ropa, hogar, tasas universitarias y un automóvil para cada una de mis cuatro hijas y yo misma. Milagro tras milagro nos mantuvieron vivas. Alabábamos a Dios cada día. ¿Nos envió Él personalmente las provisiones a la puerta de nuestra casa? No, sino que usó a otras personas, incluyendo los carteros y repartidores.

Como fue algo que viví, porque me lo ha demostrado día a día y año tras año, puedo compartir mi historia una y otra vez. Puedo animarle a hacer lo mismo. Toda la gloria es para Dios, que nunca le falla ni le abandona. Reconozco que Dios es el Proveedor de todo lo que necesito. Recuerde: quizá Él use a otras personas para llevarle la provisión; sin embargo, Él sigue siendo el verdadero y supremo Proveedor.

Cuando aprenda a ver y a oír oportunidades para permitir que las bendiciones de Dios fluyan a usted, ¡Él le bendecirá sin medida!

Aprenda a decir "gracias"

Ya hablamos acerca de la importancia de la gratitud y la alabanza, así que no emplearé aquí mucho tiempo hablando de ello. Pero si no puede dar gracias a Dios de corazón por las pequeñas cosas y recibir con gracia sus bendiciones cotidianas, regresar la alabanza y la adoración de quién es Él, entonces ¿cómo puede esperar recibir su sanidad u otro milagro de mano de Él?

Aprenda a reconocer a Dios en todas las cosas

Muchas personas erróneamente se acreditan el ganar y obtener ciertas cosas, como el éxito profesional y la riqueza personal, olvidando que son prósperos solo porque Dios les equipó para hacerlo.

Ignoran las Escrituras, que nos enseñan que es Dios quien nos da la capacidad de obtener la riqueza: conseguir un sueldo.

> *Sino acuérdate de Jehová tu Dios, porque él te da el poder para hacer las riquezas, a fin de confirmar su pacto que juró a tus padres, como en este día.* (Deuteronomio 8:18)

Vuelva a leer este versículo. ¿Se da cuenta de que para "hacer riquezas" tiene que recibir de Dios el poder hacerlo? Él "*juró a tus padres*" haciendo un pacto con ellos; y para cumplir su promesa, Él está "obligado" a bendecirle a usted, su hijo, con la capacidad y el poder de amasar una fortuna. Él le equipa con aptitudes, talentos, fortalezas, sabiduría y habilidades, algunas de las cuales usted aún sueña con usar, para cumplir el plan de Dios para su vida. Usted es solo una pieza pequeña del rompecabezas gigante de la vida.

Dios no miente, ni se retrae jamás de su Palabra. Él bendice a sus hijos, una y otra vez.

Dios no miente, ni se retrae jamás de su Palabra. Él bendice a sus hijos, una y otra vez. Incluso "*ama la paz* ["la prosperidad", en varias versiones en inglés] *de su siervo*" (Salmos 35:27). Él *se agrada* por su prosperidad, si usted es un siervo que está avanzando su reino, persiguiendo las metas de Dios y proclamando su justicia. Pero tiene que reconocer que Él es la única razón por la que puede "ganar" riquezas.

Tiene que dar a Dios toda la gloria y el honor que Él merece. Él es el Dador de toda buena dádiva. Él le dio vida. Él ha estado a su lado cada minuto de cada día, esperando a que usted acuda a Él. Él le ha permitido pasar por tanto para llevarle hasta este día tan importante de su vida. Él le ha alimentado y vestido. Él le ha provisto de talentos y sabiduría para que tenga éxito en la vida, para su gloria. Su familia y amigos, su hogar y su automóvil, cada respiración que da, cada sorbo que bebe, cada bocado que come... todo provino de Dios.

Usted es las manos de Dios en esta tierra. Sus manos son las manos de Jesús cuando toca a otros. Con Jesús en su corazón, debería hacer lo que Él haría en cada situación. Él le dio la opción de escoger.

Dios da sus bendiciones a través de nosotros

Yo siempre digo: "Sea un río, no un embalse". (¡A ambos lados del río hay orillas!). También me gusta decir: "Si Dios puede entregarlo a través de usted, ¡Él se lo dará!". Ambas cosas son ciertas. Dios le bendice no solo para su propio beneficio, sino para que usted transmita esas bendiciones a otros. Una vez que haya aprendido a recibir de Dios y tenga las bendiciones de Dios en sus manos, debería preguntarle cómo quiere Él que usted use esas bendiciones. Quizá sea que Él quiere que usted simplemente sea un canal, un mediador. Puede que el don no sea para suplir su necesidad, sino la de otra persona. Quizá Dios se la haya dado para que la comparta con alguien en su vida que necesita justamente eso.

La bendición de su testimonio

Mediante su testimonio de la fidelidad y provisión divina de Dios, otros serán libres del temor y conocerán el gozo de confiar en que Dios suplirá sus necesidades.

Repito: Dios no le da dones, sanidades y milagros solo para su propio beneficio o disfrute personal. Usted no debe acumular los tesoros de Dios en una cuenta de ahorros ni enterrarlos en el jardín. Su bondad y su gracia son regalos para compartir con otros. Él le ha sido fiel, y usted debe serle fiel compartiendo sus milagros con otros; no solo compartiéndolos sino compartiendo *acerca de* ellos, para edificar la fe de sus hermanos y hermanas en Cristo. Mediante su testimonio de la fidelidad y provisión divina de Dios, otros serán libres del temor y conocerán el gozo de confiar en que Dios suplirá sus necesidades. Lo que usted haga por otros, Dios lo hará por usted y por los suyos. Yo vivo según ese principio cada día.

La bendición de su tiempo

Cuando mi mamá y mi papá estaban terminalmente enfermos, supe que no podía dejar de ministrar a los enfermos y las personas incrédulas del mundo para sentarme junto a su cama. Ni ellos querían tampoco impedir que yo extendiera la Palabra de Dios. A mamá y papá les encantaba oír acerca de mis viajes y de los milagros que Dios había hecho en mis reuniones. Amaban a Dios con todo su corazón y sabían que yo estaba haciendo lo que Dios quería, no lo que yo quería.

Las órdenes de Dios superaban a mis deseos y los deseos de mis padres. Les hubiera encantado que les visitara todos los días, pero sus prioridades eran las mismas que las mías.

En estos días, aparto un tiempo especial con mis hijas. Esos cientos de días al año que paso lejos de mi esposo y de mis hijas, sé que Dios está cuidando de ellos, así como sabía que Él estaba sentado junto a la cama de mis padres mientras yo estaba ministrando sanidad y salvación a sus hijos por todo el mundo.

La bendición de sus talentos

Dios da de manera gratuita, pero sus dones tienen muchos propósitos. Repito: no deben esconderse. Si se mantiene despierto y alerta en el mundo de Dios, conocerá u oirá de alguien que necesite ver, recibir u oír exactamente lo que Dios ha puesto dentro de usted. Por ejemplo, una señora esperando en la fila de la compra está cojeando. Usted tiene la respuesta. Pide permiso para orar por ella. Permite que Dios se mueva a través de usted con el don (conocimiento) de sanidad. Ella es sanada y le cuenta a todos los que ve lo que Dios ha hecho con ella. Igual que una piedrecita arrojada en un estanque, un acto aparentemente pequeño hace ondas que cruzan todo un mar de humanidad marcando la diferencia en incontables vidas.

Comparta sus dones, no los acumule. Si Dios le ha dado una voz para hablar, ¡hable! Si Él le ha bendecido con una gran voz para cantar, ¡cante! Si es usted maestro, ¡enseñe! Si tiene el don de compasión, ofrezca voluntariamente su hombro para alguien que esté dolido. Comparta sus dones, dándole toda la gloria a Aquel que le dio esos dones en primer lugar.

Su Espíritu Santo le está guiando hoy. Ese mismo Espíritu Santo le guiará en los días venideros. Tiene mucho que agradecerle: su pasado y todas las experiencias que le hicieron lo que usted es hoy. ¿Puede mirar atrás y meditar en el camino a veces sinuoso por el que Dios le ha guiado? Incluso esas experiencias que no fueron de su agrado pero que de algún modo sobrevivió a ellas, le han moldeado para hacer de usted una persona que Dios pueda usar para ayudar a otros.

La bendición de su fruto

> [Jesús dijo:] *Permaneced en mí, y yo en vosotros. Como el pámpano no puede llevar fruto por sí mismo, si no permanece en la vid, así tampoco vosotros, si no permanecéis en mí. Yo soy la vid, vosotros los pámpanos; el que permanece en mí, y yo en él, éste lleva mucho fruto; porque separados de mí nada podéis hacer. El que en mí no permanece, será echado fuera como pámpano, y se secará; y los recogen, y los echan en el fuego, y arden. Si permanecéis en mí, y mis palabras permanecen en vosotros, pedid todo lo que queréis, y os será hecho. En esto es glorificado mi Padre, en que llevéis mucho fruto, y seáis así mis discípulos.* (Juan 15:4–8)

Este pasaje de las Escrituras es muy claro. Si usted es un discípulo del Señor Jesucristo, será un testigo al mundo por los frutos que dé. ¿Qué fruto?, pregunta usted. El fruto del Espíritu, que es "*amor, gozo, paz, paciencia, benignidad, bondad, fe, mansedumbre* [y] *templanza*" (Gálatas 5:22–23).

Piense que será probado durante el camino. Tendrá muchas oportunidades de demostrar su posición en Cristo. Cuando prevalezca en situaciones que prueben su paciencia y desafíen su compromiso con el Señor —cuando el Espíritu Santo, a quien usted "recibió", le haga ser alguien capaz de reaccionar con tranquilidad y paz en vez de ira y frustración—, demostrará al mundo el poder de Aquel que vive dentro de usted.

Comparta la sanidad con otros

Cuando Dios le sana y le restaura de nuevo, puede mirar atrás y hablar de todas las cosas que Él le ayudó a superar sin sentir el dolor que a menudo pueden causar los recuerdos. Es casi como contar la historia de otra persona o ver una película acerca de la vida de otra persona. Se convierte en su testimonio porque usted pasó la prueba. Superó los obstáculos y se mantuvo en rumbo. Dios ha sostenido su mano todo el tiempo, y Él estará a su lado a medida que progresa al siguiente capítulo.

Sanado para dar a conocer el nombre y la fama de Dios

Volvamos a revisar una de mis historias favoritas de alguien a quien Jesús sanó: la mujer con el flujo de sangre durante doce años. (Véase Mateo 9:20–22; Marcos 5:25–34; Lucas 8:43–48). Me gustaría que mirásemos este relato con mayor detalle, viendo dos de los tres evangelios en los que se narra, porque hay algunas cosas importantes que hizo esta mujer antes y después de recibir su sanidad que nos pueden enseñar mucho.

Pero una mujer que desde hacía doce años padecía de flujo de sangre, y había sufrido mucho de muchos médicos, y gastado todo lo que tenía, y nada había aprovechado, antes le iba peor, cuando ***oyó hablar de Jesús****, vino por detrás entre la multitud, y* ***tocó su manto****. Porque* ***decía: Si tocare tan solamente su manto, seré salva. Y en seguida la fuente de su sangre se secó****; y sintió en el cuerpo que estaba sana de aquel azote.*
(Marcos 5:25–29)

Entonces Jesús dijo: ¿Quién es el que me ha tocado? Y negando todos, dijo Pedro y los que con él estaban: Maestro, la multitud te aprieta y oprime, y dices: ¿Quién es el que me ha tocado? Pero Jesús dijo: Alguien me ha tocado; porque yo he conocido que ha salido poder de mí. Entonces, cuando la mujer vio que no había quedado oculta, vino temblando, y postrándose a sus pies, ***le declaró delante de todo el pueblo por qué causa le había tocado, y cómo al instante había sido sanada****. Y él le dijo: Hija, tu fe te ha salvado; ve en paz.* (Lucas 8:45–48)

Merece la pena destacar las cinco cosas que hizo la mujer:

1. Oyó
2. Habló
3. Actuó
4. Recibió
5. Lo contó a otros

En cuanto usted reciba una sanidad legítima, ¡cuénteselo a todos! Eso es lo que hizo esta mujer, y creo que es la razón por la que recibió una sanidad total.

Sanado para sanar

En aquellos días, como había una gran multitud, y no tenían qué comer, Jesús llamó a sus discípulos, y les dijo: Tengo compasión de la gente, porque ya hace tres días que están conmigo, y no tienen qué comer; y si los enviare en ayunas a sus casas, se desmayarán en el camino, pues algunos de ellos han venido de lejos. Sus discípulos le respondieron: ¿De dónde podrá alguien saciar de pan a éstos aquí en el desierto? El les preguntó: ¿Cuántos panes tenéis? Ellos dijeron: Siete. Entonces mandó a la multitud que se recostase en tierra; y tomando los siete panes, habiendo dado gracias, los partió, y dio a sus discípulos para que los pusiesen delante; y los pusieron delante de la multitud. Tenían también unos pocos pececillos; y los bendijo, y mandó que también los pusiesen delante. Y comieron, y se saciaron; y recogieron de los pedazos que habían sobrado, siete canastas. Eran los que comieron, como cuatro mil. (Marcos 8:1–9)

En este relato de Jesús alimentando a cuatro mil, que también leemos en Mateo 15:32–38, observe que hasta que Jesús entregó las provisiones, no fueron multiplicadas. Y hubo más comida con las sobras que la que había antes del milagro.

Aquí tenemos una ilustración de cómo trabaja Dios. Cuando usted "entrega" sanidad imponiendo manos sobre los enfermos, es sorprendente cómo las sanidades se multiplican, ¡afectando también a su propia vida!

Hablaremos de su alabanza

Durante los pasados años, hemos oído las mentiras de que Dios ya no está en su trono, que está muerto. ¿Cómo puede alguien creer que Dios no está trabajando en el mundo hoy, cuando se están produciendo milagros a nuestro alrededor diariamente? Dios usa los milagros, tales como sanidades instantáneas, para manifestar su poder, para demostrar a los incrédulos que Él sigue vivo y para recordar al creyente que Él es un Dios cercano. Sus obras declaran que sigue estando muy vivo y activo en el planeta tierra. Las

Escrituras dicen que sus obras demuestran su presencia. El hecho de que usted les hable a otros de estas buenas obras hace que la presencia de Él sea aún más profunda.

> *Y nosotros, pueblo tuyo y ovejas de tu prado, te daremos gracias para siempre;* ***a todas las generaciones hablaremos*** **["publicaremos", en la versión en inglés *Amplified® Bible*] de *tu alabanza.*** (Salmos 79:13, LBLA)

¿Debería darle gracias a Dios solo una vez por lo que Él ha hecho? ¡No, tiene que darle gracias siempre! Él le dirige a "publicar", o "hablar", de su alabanza generación tras generación. La mayoría de las personas tienden a pensar que "hablar" simplemente significa escribir un libro. Pero el significado es mucho más rico. El diccionario de sinónimos *Merriam-Webster's 11th Collegiate Thesaurus* ofrece los siguientes sinónimos de *publicar*: "declarar", "promocionar", "anunciar", "divulgar", "diseminar", "proclamar" y "promulgar", entre otros.

Usted no solo tiene que alabar a Dios, sino también distribuir y promocionar, divulgar y proclamar, multiplicar y generar, crear y generar alabanza, de generación en generación. Cuando la alabanza se levanta en su corazón, no tiene que disfrutarla egoístamente. Tiene que dispersarla, divulgarla, durante años y años.

> *Usted no solo tiene que alabar a Dios, sino también distribuir y promocionar, divulgar y proclamar, multiplicar y generar, crear y generar alabanza, de generación en generación.*

Mis padres comenzaron este proceso en nuestra familia. Viajaron alrededor del mundo divulgando su Palabra. Yo he tomado la unción que Dios les dio y he continuado "hablando" de lo que Dios ha hecho y hará. Mi oración es que mis hijas continúen este proceso y se lo transmitan a futuras generaciones.

La alabanza es para compartirla con otros. Cuando usted comparte su alabanza, comparte su poder. Cuando comparte su testimonio, está compartiendo alabanzas a Él. Está difundiendo la esperanza de Dios, liberando su poder y multiplicando su fortaleza en otro creyente. Imagínese un gran estanque de agua que se prolonga alrededor de usted. Cuando las alabanzas surgen dentro de usted, como esa piedra que impacta en las aguas tranquilas, usted produce un efecto dominó por todos los campos del tiempo, afectando a personas en años venideros.

Otra palabra para *publicar* es *testimoniar*. Cuando usted da testimonio al compartir la Palabra de Dios y ofrecer su testimonio, los milagros de Dios hablarán a los incrédulos, ¡despertándoles a la comprensión de que lo que han estado buscando es Jesús!

> *Todo el cielo alabará tus grandes maravillas, SEÑOR; multitud de ángeles te alabarán por tu fidelidad. Pues, ¿quién se compara con el Señor en todo el cielo? ¿Qué ángel poderosísimo se asemeja en algo al SEÑOR? Los poderes angélicos más altos quedan en reverencia ante Dios con temor; él es mucho más imponente que todos los que rodean su trono.* (Salmos 89:5–7, NTV)

Incluso los cielos adoran a Dios por sus milagros y obras maravillosas. Los ángeles no conocen pecado, dolor o el poder sanador del Padre, y sin embargo le alaban continuamente. Usted debería estar alabando a Dios incluso más porque conoce el dolor del pecado en contraste con su misericordia, gracia y poder sanador. Usted, que ha sido perdonado y llevado a su gloriosa presencia porque Él le ama, tiene muchos más motivos para cantar sus alabanzas, ¿no cree?

Proclame al mundo que Dios está sentado verdaderamente en el trono, ¡y que Él es el mismo ayer, hoy y por los siglos! (Véase Hebreos 13:8). ¿Grita usted de alabanza y le alaba? Si lo hace, ¡Él se deleitará en usted! ¡Alábele todo el día! Dele gracias por todo, y siga dándole gracias.

16

PRIORICE LA PAZ DE LA PRESENCIA DE DIOS

"Y la paz de Dios, que sobrepasa todo entendimiento, guardará vuestros corazones y vuestros pensamientos en Cristo Jesús".
—Filipenses 4:7

En nuestra discusión acerca de cómo mantener las bendiciones que recibimos de Dios, es importante reconocer una bendición que nunca podrán arrebatarle, salvo que usted lo permita.

Estoy hablando de la presencia de Dios y la paz que produce. Él ha prometido su presencia a todos sus hijos, y usted tiene el privilegio de poder confiar en que Él está con usted, tanto en medio de los momentos alegres como de las pruebas, ya sea que usted mantenga sus otros milagros o no. La paz de Dios, que sobrepasa todo entendimiento, es un regalo que nadie le puede quitar. Cuando usted le pertenece a Dios, que es el Autor de la paz (véase 1 Corintios 14:33), su presencia es una garantía que ni tan siquiera el mismo diablo puede negarle.

El Salmo 34:14 dice: "...*Busca la paz, y síguela*". Aunque ciertamente la paz es un regalo de Dios, gran parte de su experiencia de esa paz depende de sus decisiones personales. Debe escoger alinear su vida con la Palabra de Dios si quiere conocer la paz de Dios.

La vida se compone de decisiones: levantarse de la cama o seguir durmiendo. Comer ahora o después. Encender la televisión o escuchar la radio. Ver las noticias o una película sangrienta, que le enojará, o ver una película cómica, que le relajará. Permitir que la lavadora que se ha roto arruine su actitud o programar la colada para otro día. Visitar a un buen amigo o a un vecino irritable que siempre le desestabiliza. Así pues, como ve, las decisiones que usted toma juegan un papel importante en la cantidad de paz que experimenta.

Usted controla gran parte de los estímulos que recibe durante un día normal. Pero la paz de Dios le permite mantener su buen humor, a pesar de las batallas inevitables que tiene que lidiar.

> *No se preocupen por nada; en cambio, oren por todo. Díganle a Dios lo que necesitan y denle gracias por todo lo que él ha hecho. Así experimentarán la paz de Dios, que supera todo lo que podemos entender. La paz de Dios cuidará su corazón y su mente mientras vivan en Cristo Jesús.* (Filipenses 4:6–7, NTV)

Paz sublime

Una gran cantidad de personas persiguen la "paz", según su propia definición. Algunos afirman encontrar la paz en un rincón tranquilo con un buen libro. Otros encuentran un pacífico estado mental perdiéndose en la trama de una película. Aún otros buscan la "paz" ahogando sus penas en el alcohol o tomando drogas. Sin embargo, la paz que se encuentra en estas búsquedas es temporal, no perdura, ni tampoco satisface verdaderamente. Cada persona tiene su propia definición de la palabra *paz*. Ni tangible ni visible, la paz es un estado mental que todo el mundo anhela.

La paz sublime solo puede provenir de una Fuente: ¡Dios! Su Palabra dice que *"la paz de Dios... sobrepasa todo entendimiento"* (Filipenses 4:7). En el mismo versículo, sabemos que su paz guardará nuestros corazones y nuestros pensamientos en Cristo Jesús. Este estado sobrenatural tiene casi la misma calidad que un sueño. Y para las mentes del mundo secular, una persona que experimente la verdadera paz parecerá ilógica, irracional y quizá fuera de toda realidad. Quizá lo describan como loco, confundido, en un "mundo de ensueño" o en estado de shock.

Muchas de estas descripciones son exactamente veraces. Una persona verdaderamente pacífica no reacciona a las presiones del mundo con pánico, histeria o una conducta errática. Estas almas con paz han aprendido una lección importante para vivir con éxito. Escuchan, consideran qué opciones hay disponibles, y luego actúan, o deciden no actuar.

Durante el día, los que habitan continuamente en la presencia de Dios pueden estar en paz, con un sentimiento de justicia, de estar dentro de la voluntad de Dios, incluso en medio de un atasco de tráfico o un autobús repleto de gente. Si usted es obediente a Dios, Él le equipa para manejar lo que le rodee. Él es realmente quien está en control, y no usted. Usted casi se convierte en un observador de lo que Él hace a través de usted para llevar a cabo su voluntad.

> *¿Por qué te abates, oh alma mía, y te turbas dentro de mí? Espera en Dios; porque aún he de alabarle, salvación mía y Dios mío.* (Salmos 42:5)

¡Qué gran verdad hay enterrada en este versículo! Aunque David estaba muy angustiado, sabía que su verdadera Fuente de paz no le fallaría. Probablemente se estaba librando una batalla a su alrededor; probablemente sabía que las probabilidades estaban muy en su contra, y aun así tenía la esperanza que viene de Dios: su misma presencia. Solo ver su rostro era suficiente para David. Y también será suficiente para usted, cuando verdaderamente experimente la paz de la presencia de Dios.

Habitar en la paz de la presencia de Dios

Cuando se hizo cristiano y rindió su vida a Dios, no solo le dio los dedos de sus pies o sus manos; usted no le prometió todo su ser solo entre las siete y las diez de la mañana todos los domingos. No, usted se entregó por completo, todo su ser, a Aquel que creó el mundo. Ahora Él está en control, y estar en su presencia es el mejor regalo de todos. Usted debería morar ahí continuamente. ¿"Imposible", dice? No.

Usted no camina en sus propias fuerzas, sino en las de Dios. No tiene que seguir dependiendo de usted mismo, ya que puede confiar totalmente en la sabiduría y el poder de Dios a partir de este día. Mientras esté haciendo lo que Él le dijo que hiciera, Él le equipará con todo lo que necesite para lograr su tarea. Estará preparado, sin importar dónde se encuentre ahora mismo.

A Satanás le encanta que los hijos de Dios se desanimen, les salgan úlceras y luchen entre ellos cuando aumentan las presiones. Al hacer lo contrario de lo que el mundo espera, usted arroja confusión en el campamento enemigo. La Biblia describe esta estrategia como sigue: "*Así que, si tu enemigo tuviere hambre, dale de comer; si tuviere sed, dale de beber; pues haciendo esto, ascuas de fuego amontonarás sobre su cabeza*" (Romanos 12:20).

El enemigo le mentirá mientras usted le permita que le susurre en su oído, así que dígale que se detenga; tiene que obedecerle.

Es cierto, quizá tenga que decírselo muchas veces, y puede que él regrese disfrazado de alguna frase o sugerencia aparentemente inofensiva, diseñada para engañarle. Por eso es importante reconocer sus tácticas, para que pueda seguir caminando calmadamente en la tranquila presencia de Dios. Pídale sabiduría y discernimiento para que no caiga en las trampas del enemigo.

Busque la presencia de Dios

Puede caminar y hablar con su Padre celestial todo el día, sin importar dónde esté o lo que esté haciendo. Al principio, quizá tenga que buscar intencionalmente pasar tiempo en la presencia de Dios. Para algunos, los primeros quince minutos de la mañana parecen ser ideales para tener un encuentro enfocado con Él. Para otros, la hora de la comida sentado calladamente en un parque parece ser el tiempo perfecto. Quizá otros encuentren que el mejor momento para tener un tiempo tranquilo es justo antes de acostarse debido a su estilo de vida. Cada uno es diferente, así que descubra qué encaja mejor para usted.

Pronto descubrirá que anhela que llegue ese tiempo especial con su Padre, ya sea que tenga un tiempo intenso de oración o simplemente se siente con Él, disfrutando de su presencia. Al final, verá que cada vez es más fácil hablar con Él dondequiera que se encuentre. Él es el mejor amigo que tendrá jamás, y Él le ama como nadie le amará jamás, con un amor incondicional que le permite postrarse, rasparse la rodilla y correr de nuevo a Él en busca de consolación, paz, gracia, sanidad y sabiduría, para que no le vuelva a pasar de nuevo.

Cree una atmósfera para la alabanza

Al acudir a su presencia, quizá le sea útil rodearse de música que ayude a crear una atmósfera de alabanza y adoración. Muchos músicos y cantantes compositores han oído el corazón del Padre y han arreglado las palabras de Dios en canciones maravillosas para ministrar a sus hijos.

A medida que crece en su caminar cristiano, hay ciertas canciones que llegarán a significar mucho para usted. Cuando oigo las canciones que son importantes para mí, las lágrimas brotan de mis ojos al recordar dónde estaba la primera vez que las oí. A menudo, necesitaba una respuesta de Dios, y Él me habló a través de la letra de cierta canción para darme la respuesta en mi corazón. Ahora la canción simplemente me recuerda su bondad cuando Él usó la melodía y las palabras para hablarme.

Las ventajas de la presencia de Dios

¿Quiere mantener sus milagros? ¿Su sanidad? Permanezca en su presencia ¡e invite a otros a unirse a usted!

En su presencia hay dirección divina

Busque diariamente más y más de su verdad. Él le guiará y dirigirá siempre. A veces estará tan ocupado que no tendrá tiempo de escuchar su dirección. Tiene que apartar un tiempo tranquilo y especial para estar a solas con Dios; y nunca debería presumir de saber lo que Él va a decirle. Si Él le dirige a manejar una situación de una manera hoy, quizá esa manera sea distinta mañana.

A veces, Él nos dirige a ministrar sanidad para cierta enfermedad de diferentes formas. Nosotros no cuestionamos por qué imponemos manos sobre la cabeza de esta persona, el oído de otra o los pies de la siguiente persona para sanar un problema en la espalda; sencillamente lo hacemos. Dios es el Maestro, y nosotros somos sus instrumentos. Nuestra tarea es obedecer, agradecer y creer que Él dará los resultados.

Dios es el Maestro, y nosotros somos sus instrumentos. Nuestra tarea es obedecer, agradecer y creer que Él dará los resultados.

Quizá se vea ministrando a un vagabundo en la calle o a una mamá que llora en el elevador. Cuando se comunica con Dios, es una conversación de dos direcciones. Usted le está dando gracias, mientras Él le está diciendo qué hacer después. "Da la vuelta a la esquina, detente y mira los árboles por un momento, así el tiempo será perfecto cuando te 'topes' con la siguiente persona a la que debes ministrar". Quizá esa persona necesita una sonrisa, un abrazo, una oración o el mensaje de salvación. Escuche los impulsos divinos de su Padre celestial.

Recuerde: Dios está en control solo mientras usted se lo permita. Tan pronto como usted intente tomar las riendas, Dios le permite hacerlo. Existe la perfecta voluntad de Dios, y existe la permisiva voluntad de Dios. Él no le forzará a que siga sus instrucciones o a que le obedezca. Es usted quien debe tomar esa decisión. Él no le obligará a escucharle. Su voz no retumbará en el techo para captar su atención. Su voz dulce y apacible le impulsará a doblar la esquina hacia una calle desconocida. ¿Por qué? Quizá nunca lo sepa. Puede que le esté protegiendo de un accidente más adelante. Puede que le esté dirigiendo por un área en concreto de la ciudad porque la gente que allí está necesita experimentar la luz que solo un hijo de Dios puede mostrar.

Puede que Dios le dirija a orar por la gente que vive en la casa verde de la esquina o la ancianita que camina lentamente con su bastón por la acera de la calle. Quizá Él le anime a decirle a alguien en el supermercado: "Dios te ama". Puede que le use de incontables maneras, pero usted tiene que estar receptivo a sus impulsos, o Él no podrá usarle para hacer nada.

Quizá haya una persona en Nueva York que se esté preparado para tomar una sobredosis de droga y necesite la intervención de Dios. Necesita oración. A las tres de la mañana, la mayoría queremos estar durmiendo. La próxima vez que se despierte en mitad de la noche, en vez de enojarse pregúntele a Dios: "¿Hay alguien que tenga una necesidad? ¿Tengo que orar por alguien?".

Cada vez que me despierto durante la noche, la oración llega automáticamente a mis labios, y enseguida me vuelvo a dormir. A la mañana siguiente me despierto totalmente descansada. Por supuesto, no siempre seguí este consejo. Antes me despertaba y temía y me preocupaba porque me quedaba totalmente despabilada. Volver a dormirme era algo imposible, y todo mi día se resentía. Aprendí por las malas. Ahora, tan solo le doy gracias a Dios por el privilegio de orar por sus hijos y comienzo a orar en lenguas por cualquiera que sea el que necesite ese toque especial, una oración especial. No sé quién, o dónde o cómo. No tengo que saber todos los detalles. Tan solo sé que Dios está respondiendo una oración en algún lugar de su reino.

Escuche sus impulsos. Anticipe su dirección. Aprenda a reconocer su dulce y apacible voz guiándole durante su día. Entréguele a Él sus preocupaciones. Permítale actuar en su vida, incluso en los detalles más pequeños. Él es fiel para realizar sus obras en su vida, si permite que su paz le dirija.

En su presencia hay descanso

> *El que habita al abrigo del Altísimo morará bajo la sombra del Omnipotente. Diré yo a Jehová: Esperanza mía, y castillo mío; mi Dios, en quien confiaré.* (Salmos 91:1–2)

Descanse en su paz. Acurrúquese bajo la sombra de sus alas. Súbase en su regazo y permítale a Él dirigir su mundo. ¿Se acuerda de la seguridad y protección de los brazos de su padre terrenal? ¿Del regazo de su madre? Bien, Dios da el mismo sentimiento. No tiene que buscarle, ya que Él está con usted todo el tiempo. Hable con Él como si estuviese físicamente a su lado. De hecho, Jesús vive dentro de usted, así que resulta imposible estar más cerca de Él. Hable con Él antes de hacer nada y permítale que le diga qué es lo siguiente que debe hacer.

Salmos 4:8 dice: "*En paz me acostaré, y asimismo dormiré; porque solo tú, Jehová, me haces vivir confiado*". Si no siente su paz ahora mismo, pídale que le rodee con ella, que le envuelva con ella, y le sepulte con su

Ser: la personificación de la verdadera paz. Permita que su Espíritu Santo le ministre mientras habita en la sombra de sus alas.

En su presencia hay seguridad

¿Recuerda la primera vez que se perdió o que no podía encontrar a mamá y papá cuando les necesitaba "en ese preciso momento"? Fuera de la esfera de protección de los padres, un niño pequeño siente pánico. Tan pronto como encuentra la seguridad de Mamá o Papá, el niño se relaja, regresa la paz y le envuelve la felicidad. Así como el niño se siente protegido y a salvo a cierta distancia de Mamá o Papá, usted siente esa misma protección y seguridad cuando está cerca de Dios. Si está demasiado lejos de su zona de comodidad, crece el desasosiego. Si avanza un poco más, se convertirá en ansiedad. Siga en la dirección errónea, y el pánico se apoderará de usted.

¿Cómo lo detiene? Reconozca lo que está pasando. Tan pronto como sienta lo más mínimo la inquietud, dé la vuelta y corra hacia el trono de Dios. Ni siquiera intente hacer algo en sus fuerzas. Déjeselo a Dios. Él está ahí, esperando suplir sus necesidades, listo para mantenerlo a salvo. Él se interesa y le dará lo que es mejor para usted.

En su presencia hay poder para resistir la tentación

Durante un periodo particularmente estresante de su vida, una amiga mía hizo la pregunta común de: "¿Por qué?". Le dijeron: "Solo Dios lo sabe. Sin embargo, qué testimonio eres para otras personas. Al mantenerte firme en tu fe al creer que Dios está en control, aumenta la fe de ellos cada día. Tú no te das cuenta de cuántas personas te están viendo. Si te mantienes en medio de tus circunstancias, ellos saben que Dios también les ayudará a ellos a superar sus problemas".

Cuando usted habita en la presencia de Dios, Él le capacita para hacer lo que de otra forma sería imposible. Cuando un conductor loco le toca la bocina de su automóvil, usted puede sonreír, escogiendo no

> *Cuando usted habita en la presencia de Dios, Él le capacita para hacer lo que de otra forma sería imposible.*

permitir que esa conducta le haga enojar. Cuando su jefe está enojado y critica su trabajo, puede decidir no contestarle, al pedirle a Dios que le muestre lo que puede hacer para que su lugar de trabajo sea un lugar más agradable. Cuando llegan las facturas y se demora su sueldo, puede decidir no tener pánico y en su lugar confiar en la provisión de Dios. Puede darle gracias por suplir todas sus necesidades. Cuando el doctor le diagnostica una enfermedad grave, en vez de dejar que el miedo le consuma, puede darle gracias a Dios por su poder sanador y encomendarle a Él su bienestar.

En su presencia hay protección

> *Alzaré mis ojos a los montes; ¿de dónde vendrá mi socorro? Mi socorro viene de Jehová, que hizo los cielos y la tierra. No dará tu pie al resbaladero, ni se dormirá el que te guarda. He aquí, no se adormecerá ni dormirá el que guarda a Israel. Jehová es tu guardador; Jehová es tu sombra a tu mano derecha. El sol no te fatigará de día, ni la luna de noche. Jehová te guardará de todo mal; él guardará tu alma. Jehová guardará tu salida y tu entrada desde ahora y para siempre.* (Salmos 121)

¿Quién sino Dios puede ofrecer una protección completa a cambio de su total dependencia de Él? Él está siempre ahí esperándole, listo para ayudarle, librarle y sanarle a partir de este día y para siempre.

En su presencia hay victoria

> *Pero que se alegren todos los que en ti se refugian; que canten alegres alabanzas por siempre. Cúbrelos con tu protección, para que todos los que aman tu nombre estén llenos de alegría.*
> (Salmos 5:11, NTV)

Dios es su Libertador y su Protección. Jesús derrotó al enemigo mediante su muerte y resurrección, ¡y ahora usted camina en la victoria que Él obtuvo por usted! Debido a su victoria, Dios es su Padre, Jesús es su Hermano y el Espíritu Santo es su Maestro. ¿Quién podría ser más poderoso? El resultado de la guerra ya se ha decidido. Aunque las batallas con el enemigo arrecien, ¡usted sabe cuál será el resultado final! Jesús es el supremo Vencedor que reinará para siempre. Y usted reinará con Él, si se ha convertido en su hijo. (Véase 2 Timoteo 12; Apocalipsis 20:6).

Dios se interesa incluso en las cosas más pequeñas que a usted le ocurren. Sin duda alguna que Él le dará la victoria en todo lo que haga, en cada paso que dé.

Dios se interesa incluso en las cosas más pequeñas que a usted le ocurren. Sin duda alguna que Él le dará la victoria en todo lo que haga, en cada paso que dé. Él estará ahí para protegerle de todo peligro, mientras usted le busque y quiera obedecerle. Si está de camino a la esquina para comprar drogas ilegales o está mintiendo, no podrá culpar a nadie de cualquier mal que pudiera sucederle sino a usted mismo. Mientras esté siguiendo las instrucciones de Dios, Él es fiel para cumplir su Palabra y darle la verdadera victoria.

Su recompensa eterna

Lo mejor de la presencia de Dios es que la experimentará en su totalidad una vez que haya dejado esta tierra y todos sus problemas y se encuentre con Dios cara a cara.

> *Ahora vemos todo de manera imperfecta, como reflejos desconcertantes, pero luego veremos todo con perfecta claridad. Todo lo que ahora conozco es parcial e incompleto, pero luego conoceré todo por completo, tal como Dios ya me conoce a mí completamente.* (1 Corintios 13:12, NTV)

Únase a mí en la siguiente oración por paz.

Padre, quiero tu paz. Anhelo tu paz. No quiero controlar mi vida, Padre. Obviamente, ya he metido la pata lo suficiente en mi vida. Siempre he tenido que pedirte perdón cuando he intentado tomar el mando y dirigir el espectáculo.

Padre, te doy el control de las cosas más pequeñas de mi vida. Permíteme saber al instante cuando no estoy en tu perfecta voluntad. Solo tu gozo, tu felicidad, tu paz, pueden dar la verdadera satisfacción y sanidad a mi alma.

Padre, guía mis manos, mis pies, mi mente. Guárdame en tu regazo con mi mano en la tuya cada día. Guárdame bajo la sombra de sus alas, bajo el paraguas de tu sublime protección, para que no me aleje y me ciegue y confunda con las mentiras del enemigo.

Padre, mantenme sensible solo a tu voz. Permíteme verte siempre en toda tu creación. Recuérdame minuto a minuto que tú eres verdaderamente mi Padre, mi Papá, mi Protector y mi Amigo. Solo en ti puedo tener la paz total. Solo en ti puedo ser fuerte, porque en mí mismo no soy sino carne débil, que se destruye fácilmente. Pero tú y yo, Padre, somos mayoría. En ti soy victorioso; por mí mismo, vivo en derrota. En ti, Señor, está la verdadera vida. Vive a través de mí, Señor. Permíteme esconderme en ti. Permite que otros te vean en mí. Te amo, Señor. Permíteme servirte siempre y ser un testigo de tu sublime Luz de amor, paz y gozo. En el nombre de Jesús, amén.

CONCLUSIÓN:

CUENTE CON LA VICTORIA

"Porque todo el que ha nacido de Dios vence al mundo. Ésta es la victoria que vence al mundo: nuestra fe".
—1 Juan 5:4 (NVI)

A pesar de lo que ocurra, ya sea que esté en la cima cantando "Aleluya" o en el valle de la desesperación; ya sea que vea milagro tras milagro o esté esperando aún en fe ver uno, usted sabe que al final triunfará, porque *"Dios... nos da la victoria por medio de nuestro Señor Jesucristo"* (1 Corintios 15:57). La victoria es realmente una decisión que usted toma y una forma de vida. Usted decide caminar en derrota o decide ganar las batallas de la vida. ¿Por qué digo esto? Porque Dios le da opciones todo el tiempo, y caminar en victoria es una de las muchas decisiones que Él pone delante de usted cada día.

Cuando usted decide caminar en victoria, le está diciendo al mundo: "Creo que Dios está dirigiendo mi camino hoy. Él prometió cuidar de mí, y creo exactamente lo que dice su Palabra. ¡Tengo la victoria! ¡Soy un ganador! ¡Dios y yo juntos somos mayoría!".

Si no está caminando en victoria, revise sus decisiones. ¿Está aceptando la derrota en cada paso? ¿Está llevando sus cargas usted mismo? ¿Ha comenzado a dudar de la capacidad de Dios de cuidar de usted, de su familia y de sus seres queridos? ¿Se ha nublado su fe en su Padre celestial debido a las demandas de su tiempo? ¿Se están acumulando montones de facturas a su alrededor? ¿Está sufriendo con una enfermedad que parece que no puede superar?

Al enemigo le gusta distraerle de lo que Dios quiere que haga. Cuando el enemigo llega de frente con un desastre, como una enfermedad grave, un accidente de tráfico o un fuego, no es muy difícil reconocer sus maquinaciones y subir la guardia. Sin embargo, no siempre es así de descarado. Son casi más poderosas sus sutiles tácticas para robarle el tiempo poco a poco con problemillas. Quizá sus mentiras lleguen a usted mediante un amigo de confianza. Usted no entiende bien el mensaje, y de repente, comienzan a crecer semillas de división entre compañeros de oración. El poder del acuerdo disminuye.

Puede llenarse de decenas de "pequeñas" cosas que podrían convertirse en posibles "irritaciones" durante su día. Pero lo que hace con ellas es lo más importante que debe considerar. ¿Cómo puede tomar las decisiones correctas? ¿Cómo puede mantenerse victorioso? ¿Tiene sus brazos abiertos para recibir los regalos de Él, en cualquier forma en que lleguen? ¿Está siguiendo las pautas de Dios para mantener esos regalos? ¿Está permaneciendo en la Palabra de Dios y en continua comunicación con Él?

Acuérdese de la discusión del capítulo ocho: si tiene su mente puesta en Dios y su boca le está alabando, no tendrán cabida otros pensamientos. Sí, ¡ese es un buen plan de batalla! Cuando confía totalmente en Dios, no puede ser sacudido, por mucho que el diablo intente hacer para abatirle.

Nadie conoce la verdad de esto mejor que Jesús. Justo cuando parecía que estaba siendo derrotado —a fin de cuentas estaba clavado a una cruz y crucificado—, resucitó de la muerte y así asestó un golpe de muerte definitivo a Satanás y sus subordinados. Se sometió a una muerte horrible, todo porque estaba siguiendo la agenda de su Padre en vez de la suya propia. Él les dijo a sus discípulos: *"Porque he descendido del cielo, no para hacer mi voluntad, sino la voluntad del que me envió"* (Juan 6:38).

Para Jesús, la victoria consistía en hacer la voluntad de Dios, no en amasar riquezas, lograr el éxito o incluso estar vivo. Si quiere ser como Jesús, ¿no debería ser también ese su deseo? Ante el resentimiento, rencor, incredulidad y ridículo, Jesús siguió a pies juntillas la voluntad de su Padre mediante la cruz para conseguir la máxima victoria. ¿Para sí mismo? No, para usted y para mí. Para nuestra victoria.

Dios es mayor y más fuerte que cualquier cosa que pudiera obstaculizar su progreso para recibir sus bendiciones. Permita que esta revelación pase de ser un mero conocimiento mental a un conocimiento del corazón, de poca fe a mucha fe, de poca fuerza a poder. ¡Confíe en Él! Permita que su Hijo entre en su corazón y viva dentro de usted. Permita que su Espíritu Santo le infunda poder celestial, sabiduría y paz. Viva mediante los dones del Espíritu y las bendiciones enumeradas en Deuteronomio 28:1–14. Léalas diariamente para recordar todas las grandes cosas que Dios tiene para usted. Y descanse en el conocimiento de que, un día, ya no necesitará "trabajar" para mantener sus milagros, porque estará en presencia de su

Padre celestial, donde participará de sus bendiciones durante toda la eternidad.

¿Está listo para ser facultado para recibir y mantener todos los milagros que Dios tiene para usted? Si es así, haga esta oración final conmigo:

> Padre celestial, mis ojos han sido abiertos a tu verdad. Quiero y necesito todo lo que tienes preparado para mí y mi vida. A fin de cumplir y estar en tu perfecta voluntad para mí, te entrego todo ahora mismo, hoy. Decido escuchar tus instrucciones y obedecer tu Palabra mientras camino en tu mundo.
>
> Jesús, ningún hombre puede entender el sublime sacrificio que voluntariamente hiciste para abrir la puerta a fin de que el hombre estuviera contigo en el trono del Padre. Para honrar tu sacrificio de salvar mi alma y reconciliarme con Dios, te recibo libremente a ti y a tu Espíritu para que obres a través de mí para alcanzar a otros. Toca y sana a través de mis manos. Habla a través de mí. Úsame como tú quieras. Decido seguir tus pasos.
>
> Jesús, eres el Regalo supremo que necesito recibir de Dios. Mi parte en este sagrado pacto es mantener mi relación contigo guardando mi corazón y mi mente, así como equipándome para ahuyentar los avances del enemigo. Te doy gracias porque tu Espíritu Santo está siempre disponible para mí.
>
> Dios, eres un Padre maravilloso y precioso. No hay palabras que puedan expresar los profundos sentimientos de gratitud, amor y reverencia que surgen dentro de mí cuando te alabo y simplemente disfruto en tu presencia. Tú eres mi Fuente y mi Sustentador, y te doy la bienvenida a mi vida. La existencia no es nada sin ti. Te adoro con todo lo que hay en mí. En el nombre de Jesús, amén.

ACERCA DE LA AUTORA

A la tierna edad de doce años, Joan Hunter dedicó su vida a Cristo y comenzó fielmente a servir en el ministerio junto a sus padres, Charles y Frances Hunter. Juntos, han viajado por todo el mundo organizando Explosiones de Sanidad y Escuelas de Sanidad.

Joan es una evangelista ungida de sanidad, una dinámica maestra y autora de libros de éxitos de ventas, incluyendo *Manual de Sanidad para el Hombre Integral*, *Poder para Sanar* y *Provisión Sobrenatural*. Es la fundadora y presidenta de Joan Hunter Ministries, Hearts 4 Him y 4 Corners Foundation, y también es la presidenta de Hunter Ministries. Las apariciones de Joan en televisión se han emitido por todo el mundo en World Harvest Network, Inspiration Network, TBN, NRB Word Networks, Daystar, Faith TV, Cornerstone TV, The Church Channel, Total Christian Television, Christian Television Network, Watchmen Broadcasting y God TV. Joan también ha sido presentada en programas de televisión y radio como el de Sid Roth *¡It's Supernatural!*, *It's a New Day*, *The Miracle*

Channel, The Patricia King Show, Today with Marilyn y Sarah, y muchos otros.

Juntos, Joan y su poderoso ministerio internacional de sanidad han organizado servicios de milagros y escuelas de sanidad en numerosos países en un mundo caracterizado por el dolor y el quebranto. Al haber superado trágicas circunstancias, obstáculos imposibles e inmensurable devastación, Joan comparte su mensaje personal de esperanza y restauración para los quebrantados, liberación y libertad para los atados, y sanidad y restauración para los enfermos. Su visión es ver el cuerpo de Cristo viviendo en libertad, felicidad, plenitud y bienestar económico.

Joan vive con su esposo, Kelley Murrel, en Pinehurst, Texas. Juntos, tienen ocho hijos —cuatro hijas y cuatro hijos— y cinco nietos.